世界不再只有"我们"：
关于国际秩序的另类思考

NOUS NE SOMMES PLUS SEULS AU MONDE :
UN AUTRE REGARD SUR L' «ORDRE INTERNATIONAL»
BERTRAND BADIE

［法］伯特兰·巴迪 著

宗华伟 译

上海人民出版社

东方编译所译丛

推　荐　序

伯特兰·巴迪(Bertrand Badie,1950—　　)是当今法国颇具影响力的
国际问题专家,荣休前长期在巴黎政治学院这一人文社科领域的顶尖名
校担任教授,同时也是巴黎政治学院主办的法国顶尖智库之一的"国际问
题研究中心"(Centre d'Etudes et de Recherches Internationales,CERI)
的研究人员。本人作为史学从业人员,有机会应译者和出版社之邀为巴
迪这本显然不属史学范畴的著作撰写若干推介文字固然备感荣幸,但同
时也难免会有点忐忑,从而觉得先就自己何以会接受这一涉嫌"越界"的
邀约略作说明颇有必要。为此,不妨从本人一度从事的研究以及由此和
国际问题研究中心生发的某种联系开始说起。

20世纪末与21世纪初,本人对法国知识分子史研究情有独钟。2005
年金秋时节,出于对巴黎政治学院这一法国知识分子史研究"第一重镇"
的景仰,加之手头研究的需要,本人特意以访问教授身份到该校历史研究
中心访学。此次访学的邀请人是让-弗朗索瓦·西里纳利教授。这位曾
任法国历史科学委员会主席和《历史评论》主编的史学名家,在法国史坛
堪称知识分子史研究"第一人",当时正担任巴黎政治学院历史研究中心
主任。当我根据约好的时间首次来到左岸拉丁区里的雅各布街56号,踏
进该中心所在的那幢大楼时,很快就有两个不无惊喜的"发现"。第一个
发现是这幢一看就有年头的老楼乃是极有"故事"的历史建筑:标志着美
国独立战争结束的重要历史文献,即1783年9月3日签订的《巴黎条
约》,就是由富兰克林等美方代表与英方代表在这幢楼里签订的。第二个
发现则是历史中心绝非这幢老楼的唯一"主人",而和它合用的另一个机
构竟然就是国际问题研究中心。

第一个"发现"会给我等搞历史者带来小惊喜,显然不难理解,那么,"发现"国际问题研究中心又何以也会让我喜出望外呢?为解释这一点,就非得提到在本人研习法国知识分子史过程中始终对我关爱有加的一位法国朋友,他就是巴黎政治学院教授、清华大学中法人文社科研究中心首任主任杜明(Jean-Luc Domenach)。杜明教授是曾给法国总理做过"高参"的中国问题专家,自己就有非同寻常的学术经历与外交官生涯。其父亲则是负责过《精神》(Esprit)杂志的编辑,并以和福柯等人一起开展的社会活动在战后法国史中屡被提及的著名知识分子。也就是说,无论是就个人经历还是家世来看,杜明教授均大可被划入见多识广之列。这类人较之常人,一般会表现出更多"见过大世面者"特有的淡定从容。然而,令我始则有点意外,继而颇为好奇的是,21世纪初,当我俩有机会在北京或杭州见面交谈时,杜明教授每次谈到他在巴政所属的研究机构是国际问题研究中心都会表露出自得之情。这一切,自然就导致本人在国内时就不仅对国际问题研究中心留有印象,同时亦对它产生足够的好奇心。惟其如此,当我在巴黎与国际问题研究中心"不期而遇",看到它竟然和巴政历史研究中心是楼上楼下的"邻居"之际会不无欣喜。

更让我高兴的是,在我来巴黎政治学院后不久,尚在北京任职的杜明教授利用出差机会回到巴黎,并邀请我到拉丁区一家常有法国知识界名流光顾的餐馆共进午餐。因餐厅离雅各布街56号不远,杜明先生遂在吃饭前先带我参观国际问题研究中心的办公场所,接着又到他自己在中心的办公室——一间其独自使用的摆满许多和中国相关书籍的大房间里畅聊。通过听他详细介绍,本人对国际问题研究中心有了更多了解。随着对国际问题研究中心在法国和欧洲国际关系研究领域享有的地位有所体认,本人开始持续留意中心及其研究人员的研究。也正是在这一过程中,同属中心研究人员的本书作者巴迪逐渐地引起了我的格外关注。

巴迪出生于20世纪50年代之初,早年就读于巴政和巴黎一大等法国名校。70年代中后期,巴迪相继在巴黎一大担任助教和讲师。整个80年代期间,他主要在外省大学担任政治学教授。始自1990年10月,巴迪回到首都并受聘为巴黎政治学院教授。在同样长期任教于高校的本人看来,巴迪作为这所法国顶尖名校的大牌教授,无论从哪方面来讲都极为称职。概而言之,就教学来说,他不仅做到了讲台"站得住",还让自己多年开设的"世界空间"(Espace Mondial)等重要课程一直深受欢迎；就科研来说，他也绝对属于"拿得起"的人，成果很多，而且普遍质量较高，从而得以被一些同行誉为"法国过去三十年在国际关系领域最重要的人物之一"；在"(社会)服务"方面，巴迪同样可圈可点，完全算得上"表现佳"：兼任巴黎政治学院出版社社长工作近十年之久；从2003年起担任法国政治学协会理事会以及国际政治学协会执委会成员，其间还曾任国际政治学协会副会长(2006—2009)；此外还在2002年2月至2006年6月担任扶轮社国际和平与冲突解决研究中心主任。

巴迪被誉为"法国过去三十年在国际关系领域最重要的人物之一"，当与他多年来笔耕不辍，在这一领域持续推出了诸多引人瞩目的著作大有关系。令本人印象深刻的是，在30年来的时间里，巴迪非但著述甚丰，涉猎面很广，而且这些著作的选题一个个都相当亮眼，以至于仅凭书名就颇能吸引读者的眼球。就此而言，他在法国著名的法亚尔出版社出版的一系列著作就足可作为例证。它们分别是《两个国家：西方和"伊斯兰国"的权力与社会》(1987)、《舶来的国家：论政治秩序的西方化》(1992)、《领土的终结》(1995，此书在2012年由国立社会科学研究中心出版社推出新版)、《没有主权的国家》(1998)、《人权外交》(2000)、《强权的失败》(此书在2012年由国立社会科学研究中心出版社推出新版)、《外交官与僭越者》(2008)。除了在法亚尔出版社出版的上述著作，巴迪在其他知名出版社出版的著作也同样可做如是观，如《共谋外交》(发现出版社，2011)、《当历史开始的时候》(国立社会科学研究中心出版社，2012)、《屈辱年代》(奥蒂勒·雅各布出版社，2014)、《苦难的世界》(萨瓦托尔出版社，2015)，等等，也莫不如此。

就本人而言，对巴迪教授格外关注乃至日益青眼相加，主要可归因于这样两点。首先是折服于巴迪在众多论著当中不时彰显出非同寻常的高度、广度和深度，其次则是感佩于他总让自己的大作散发出一定的"温度"。前者主要体现在他的论著，不仅多有"法兰西式思考"的立意高远、视域阔达，同时还总能凭借别具一格的研究方法，获得并提出深刻的独到见解；至于后者，主要体现在巴迪作为具有良知的知识分子，往往会在所写论著的字里行间，让读者感受到作者对正面临各种威胁和挑战的人类命运的关切与温情，尤其是对身处困境或弱势的国家、地区及其人民表示同情与担忧。

本人以为,在巴迪于较为晚近的时候,即2016年推出的这本《世界不再只有"我们":关于国际秩序的另类思考》中,上述不妨概括为四个度的特点,可谓得到了非常集中的反映和生动的体现。

其立意来讲,该书旨在围绕人们近乎每天都用的表述"国际秩序"(L'ordre international)作既深入全面,又别具一格的思考,同时力图通过构建一种全新的阐释框架,就此得出与众不同的深刻结论,展现发人深思的独到见解。基于这一考虑,巴迪在该书导论中就先对人们当今总在使用的"国际秩序"一词提出质疑,宣称无论是战争、各种层级的暴力,还是不断成立和解散的联盟以及曲折复杂的对外政策,"似乎都显示不出任何一种国际秩序开始出现的迹象",认为"那些发生在叙利亚、马里或也门的冲突已与我们记忆中的战争全然不同,从科索沃到基辅,冷战再度回归,但已超脱于两极格局之外,那些深入我们社会内部的致命袭击,以及中东那令人费解的血腥游戏",既让一个更为古老的表述——"国际无政府状态"(anarchie internationale)从未像今天这样有吸引力,同时又让"国际社会"(communauté internationale)之类的概念受到前所未有的嘲讽。那么,人们又该如何来描述当今国际体系呢?为此,巴迪尖锐地指出:在柏林墙倒塌已过四分之一个世纪后,若仍将自己视为"后两极体系(système post-bipolaire)中微不足道的行为体",亦即依旧满足于"以一个已经失效的秩序为参照基准",纯属"惊人的智识懒惰"。他甚至还进一步认为,由于多种国际现象在当今世界的不断出现及其造成的后果,这种"智识懒惰"已日益令人难以容忍。

在着力阐明"破旧立新"的必要性和可能性之际,作者强调,"看清并描述当今国际体系"是可能的,但其前提是"要将其置于历史进程之中而不是将其固化、描述历史的断裂而非否认它们,理解世界的真正问题而不是满足于一些假象。变化、断裂、问题是启发该书分析的母体,主要假设源自一个惊人的反差:昔日的列强在国际舞台上独处的时间太久,以至于今天并不真正懂得该如何面对全球化。他们还眷恋着两个世纪前终结了拿破仑帝国的1815年维也纳和会,还半醉半醒地梦想着能以著名的'特殊责任'的名义独自管理世界",作者就此不仅断然宣称将以本书说明,"这个想法没有任何意义。即使有,也非常危险"。同时还明确表示本书将"试图反驳电台广播与外交部门中的主流分析",以期"为一种更加公正、更加有效的对外政策开辟新路径"。

这本力图昭示"世界不再只有'我们'"的著作,在具有非同一般"高度"的同时,在成功地拓展、显现"广度"上同样能给人留下极为深刻的印象。概而言之,该书的"视域阔达"不仅体现于"空间",亦即作者在谋篇布局中细致、全面地兼顾到世界上的不同国家与地区,同时还引人瞩目地体现于作者通过聚焦"国际秩序"对"世界空间"的演变进行深入思考时,在相关空间的"实际内容"上也较为周全地考虑到了与之相连的各种现象和导致这些现象出现的种种因素。需要强调一点,为了更好更清楚地阐明上述问题起见,作者在探析过程中尤其引人瞩目地使用了诸多历史学方法和社会学方法。在我个人看来,如果说有过上佳史学训练,早年曾对法共组织、领导罢工活动的历史,特别是其奉行的策略进行过系统研究的巴迪,在撰写该书过程中通过充分使用史学方法,使得这本主要属于国际政治领域的著作与同类著作相比,在探讨当今国际局势重大问题时显然可少一些"扁平化",并在就此深入剖析时还往往能多一些"纵深感"。那么,从事相关研究中在很大程度上奉雷蒙·阿隆为楷模的巴迪,在引入社会学方法方面的表现及其取得的成效,则更为值得关注与肯定。

兼具"高度"和"广度",加之还采取了别具一格的研究方法与路径,令巴迪为撰写这一著作就"国际秩序"进行的"另类思考"得以获得不少既独特又有足够"深度"的洞见。其中,巴迪希冀建构一种新的国际关系社会学的努力和提出的观点,极为值得提醒读者高度关注。巴迪主张:"我们不能仅凭地缘政治的古典地图,也不能仅从战略性思考中理解当今国际关系的性质。应该学会跨越一步,把社会在国际关系领域中的涌现纳入考量。"他认为:"直到目前为此,国际关系仅为外交界所专属的领域。从这个角度看,20世纪80年代随着信息通信技术进步而出现的通信革命将在社会行为的变革中发挥基础性作用……通信革命影响了全世界,从最强大的国家到南方世界贫民窟里的赤贫群众。它构成了一个重大的创新因素,一个深刻变革的世界空间的主要缔造者。"为此,他强调说:"国际关系从未因一场技术革命而发生如此深刻的变革。我们甚至可以说,这一转折在重要性上已经超过了原子弹的发明,只是在方式上更为渐进,而且通常不是那么明显。"

尤其值得我们注意的是,在书中第三章"社会与民族国家的悄然变革"一节中,巴迪还明确宣称:"悄无声息的通信革命还产生了一种比解构距离效应更为深远的影响。它通过建构一整套网络式的'社会间'关系(relations intersociales),超越了传统的国际关系,后者其实应该被准确地称为'国家间关系'(relations interétatiques)。随着市民社会从国家约束的滞重压力下解放出来,而且社会行为体逐渐自主化,包括相对于其国家共同体而言,世界政治就变得越发具有社会间性(intersocialité)胜于国家间性(internationalité)的特征。"本人以为,巴迪的上述独到分析和论断极为深刻,对时人更好地理解当今国际政治领域出现的新现象当甚有启发。此外,巴迪在第六章就法国"面对他异性挑战而受挫的抱负"所作的独特探讨,尤其是法式新保守主义何以相继在法国知识界和更大的范围产生影响进行的深层剖析,也极为令人折服。

不过,巴迪以及他写的这本书在我看来,更为难能可贵之处还在于不时伴随着其"识见"在字里行间散发出来的"温度"。这实际上也是多年从事法国知识分子史研究的本人不揣浅陋,竟敢"越界"就此书略称管见的最主要原因。因为在读巴迪这本书的时候,每当我读到他写的这样一些句子,如"所有人都有平等参与全球治理的权利:国际寡头的铁律应该被抛弃了,因为它只适用于过去国家间关系的层次","要变革全球性的社会秩序,这一秩序正受困于日益显著、难以容忍,因而也越来越危险的社会经济差距。世界范围的再分配应该成为支撑新的全球政策的首要任务和最紧迫任务,因为这是关系到集体安全的头等大事"的时候,在我的脑海里,每每会不由得浮现出一些法国知识分子史上著名人物的形象。当然,这些知识分子更多的不是左拉、萨特之类稍早一些的代表人物,而是像皮埃尔·布尔迪厄或伊格纳西奥·拉莫内等活跃于20世纪末,乃至21世纪初的著名知识分子的形象。其中,布尔迪厄不仅在1993年出版了当时在法国社会引起强烈反响的《世界的苦难》,并且还在其后几年里通过大张旗鼓地反对新自由主义,继续支持各种社会弱势群体要求社会平等和公正的斗争;而拉莫内则通过在其编辑的《外交世界》(*Le Monde diplomatique*)发表社论文章,倡导组建法国反全球化运动中最重要、最具代表性的组织——"征收金融交易税以援助公民协会"(ATTAC)。

　　以上,拉拉杂杂地从本人特别感兴趣和欣赏的角度简单谈了一些初读巴迪这本著作后的一些印象与想法。在此,要特别感谢同为北大校友,且在 21 世纪初我在巴黎政治学院访学时正好在该校读研的该书译者宗华伟女士给我提供了"先睹为快"的机会,得以提前拜读中文版译稿,受益匪浅,进一步感到身处既面临更多不确定因素和挑战,同时也蕴含诸多新愿景的"百年未有之大变局",很需要在继续留意美国学者相关研究及其成果同时,更多更充分地听听包括法国在内的其他国家有识之士发出的声音。从这一角度来讲,力求像雷蒙·阿隆那样充当"介入的旁观者"的巴迪这本对国际秩序富有"法兰西式的"独特思考、洞见迭出的著作在中国的移译、出版,实在可以说是恰逢其时。不过,由于本人才疏学浅,加之于国际政治领域毕竟是"门外汉",本篇推介文稿欠妥之处在所难免。在此,敬祈国际政治学领域的专家和相关读者不吝赐教。

吕一民
2021 年仲夏草于浙江大学

译　者　序

　　"国际秩序"在今天的全球化世界中是一个听上去毫无陌生感的词汇，也是一个诸如主权、国家、权力、制度、外交等国际关系研究中的"基本概念"。所谓基本概念似乎都是不言自明的，具有高度共识而且内涵稳定不变。在长期以来深受美国理论视角和方法影响的国际关系理论研究中，秩序主要是无政府国际体系中国家间权力竞争和斗争的副产品，是由权力分配结构和国际规则、规范、制度，以及观念、意识形态、文化等共同作用的产物。比如，第二次世界大战以来的国际秩序经历了从两极走向单极或多极的进程，以自由主义规则为理念基底和制度支撑……这些论断似乎是确定的，被普遍接受的，而且至今仍无可撼动。

　　然而，在法国国际关系学者、政治学家、巴黎政治学院荣休教授伯特兰·巴迪看来，这些普遍主义的"印象"反映出的是一种智识懒惰，无论是单极、多极、两极还是"极"本身，都不足以用来为一种国际秩序定性，而且国际秩序究竟是什么，受哪些因素、动力和行为体影响，呈现出怎样的轮廓和走向，有什么规律性特征，这些问题需要进行全面、深入的反思，需要批判的、另类的视角。因为世界政治如此复杂多元，任何以自我社会文化范式和历史经验为中心的推论都有局限性，任何单一因果解释框架都无法涵盖交织层叠、动态变化的社会事实，任何"简约"、敌我分明的政策处方都无力应对当今全球化世界不断涌现的复杂挑战。我们需要对国际秩序进行一番不同以往的审视，原因一言以蔽之：世界上不是只有"我们"呀！

　　这就是伯特兰·巴迪的力著《世界不再只有"我们"——关于国际秩序的另类思考》提出并探讨的中心命题。这部著作虽然篇幅不长，但集中体现了法国国际关系研究的人类学与社会学思维风格、综合性研究方法、厚重的人文特色与现实关怀,透射着"冷静清醒、疑虑重重"的思辨锋芒,[1]以及法国知识分子澄澈而充沛的批判精神,其犀利深刻的观察、分析和结论耐人回味、发人深省,堪称非美国、"非主流"国际关系研究中独树一帜的一部代表性著作。

一、国际秩序概念:历史由来与惯性特征

提到国际关系研究中的国际秩序概念,可能首先会联想到英国学派代表人物赫德利·布尔的经典定义,"国际秩序指的是国际行为的格局或布局",属于并源于有关社会生活基本目标和共同利益观念的社会因素。[2]布尔的定义从政治哲学层面指出了国际秩序的社会性维度,并且将其设想为一个描述框架,而不是伦理学意义上的价值追求目标。这一预设在巴迪的思考中也是成立的,但巴迪进一步指出了国际秩序的历史社会学维度:国际秩序是一个伴随着现代国际社会出现而产生的现象,是一种对国际生活的"集体性"思考。

在漫长的人类社会历史上,秩序只在某种"内部"范围中存在,无论是帝国内部、王国内部、城邦国家内部,还是基督教共同体内部;秩序没有在"国际"上存在的意义,因为前现代世界历史中,"国际"关系不是彼此隔绝、有限联系的,就是霍布斯式的无政府状态,只有无序、没有秩序。国际秩序作为国际社会的一种组织方式和表征,根源于欧洲由中世纪向现代过渡过程中诞生的威斯特伐利亚国际体系,其产生的动力在于不得不以集体的方式思考"共存"的可能,避免在类似"三十年战争"这样残酷的厮杀中走向共同毁灭的命运。因此,国际秩序这一概念具有特定的时空指向,即16、17世纪战火纷纭的欧洲。国际秩序的目的在于寻求帝国等级制和基督教统一体之外的共存之道,结果是发明了彼此平等、绝对自主、分列并立的主权国家,界定国家实体的领土边界,以及主权国家间以外交为典型手段的多边协商技艺。如此而产生的秩序必然以"相似单元",即主权国家之间的权力之争为核心,以竞争性关系为主流和常态,表现为靠均势机制维系的"脆弱的平衡"。[3]在威斯特伐利亚式的国际秩序中,势力

均衡是通往和平的唯一路径，而且仅是偶然的、短暂的；而战争不仅是常态的，而且是普遍的、必要的。

可见，欧洲的现代性具有一种"内嵌的"霍布斯主义文化，奉战争为不可避免的宿命，因此现代国家的缔造与现代战争的制造是同构的进程。这导致了源自欧洲历史经验和政治文化的国际秩序具有两大取向，一是国际政治的过度军事化，二是国际法的虚弱。主权与权力两大要素的结合不可避免地造成安全困境，激励国家的军事化与过度军事化，使军事实力长期以来，甚至在今天依然被视作最重要的权力资源。与此同时，主权与秩序之间也存在着内在悖论，即秩序要求主权者遵循规范、有所克制，但又赋予了主权者为所欲为的绝对权利。这导致了国际法只能作为一种虚弱、有限而尴尬的存在，无法作为秩序的终极保障与调节器。主权国家基本上以实用主义态度来看待国际法，仅在自己愿意并正式同意的前提下才接受其约束，而根植于人性中的权力欲（animus dominandi）才是支配国际政治生活的"客观规律"。[4] 因此，国际秩序在两种模式之间惯性律动：一国独霸的帝国模式和一小部分国家共同主导的寡头模式。在巴迪看来，威斯特伐利亚以来的全球国际体系最重大的惯性特征不是沃尔兹所说的均势，而是在帝国霸权与寡头共治之间的循环交替。由于可被历史实证的绝对意义上的帝国霸权罕见而短暂，仅有著名的 19 世纪"不列颠治下的和平"与第二次世界大战后初期"美利坚治下的和平"可大致算作此类，因此寡头治理是全球国际秩序的主导模式，均势只是这种模式下的一种具体运作方式。

巴迪强调国际秩序的历史社会维度，目的是为了提醒我们，"国际秩序"不是我们习以为常的这般理所应当，而是基于特定历史背景，包含了特定的政治文化，既不是放之四海而皆准的，更不是国际社会历史中恒久存在、不可更改的铁律。比如，相似政治单元的分列并立起初仅在有限的欧陆范围内成为现实，而全球史视角下的诸政治单元仍以异质性为主导特征。相似单元之间以竞争和战争为主要共存方式也仅仅是欧洲的，特别是霍布斯式的政治文化，与同时期的阿拉伯文化、朝贡体系中的华夏文化格格不入，尽管后者逐渐被纳入了这一"国际秩序"。巴迪的历史叙述阐明了国际体系在起源和概念本体上的西方中心与欧洲中心主义特征，同时一针见血地指出这些特殊性和偶然性被误以为普遍性与永恒性，构成了欧洲和西方如今"傲慢"的理由,也埋下了今天国际秩序种种弊病的根源,即国际秩序的排斥性。

巴迪分析了作为国际秩序主导模式的寡头治理的利弊。优点在于保证了寡头小团体内部成员的生存与相对安全,而且提供了这些成员之间相互认同的道德与文明依据,使之超越了为安全而互不侵犯的共存关系,走向因承认而相互合作的共谋关系。从沙皇亚历山大一世的神圣同盟到俾斯麦编织的"五球不落的外交体系",[5]从美苏共治到冷战后的七国集团、八国集团以及二十国集团,都是不同程度上具有内在认同感与联系纽带的寡头团体。但是,寡头治理的弊端在于其封闭性与排斥性。毕竟能够进入寡头团体的只是国际体系中的少数行为体,事实上主要是欧洲列强与后来的美苏两大超级强国。那么,在寡头治理的大门之外,徘徊着数目不断增多的被排斥者,即国际体系中的"无产阶级"。它们在未获得现代民族国家的名分之前,曾经长期以社会自治力量、殖民地、托管地等形式存在,在成为独立国家之后,又因对"舶来"国家制度的适应与掌控程度不同而成为新兴国家、发展中国家、失败国家、流氓国家、野蛮国家……由此,巴迪指出了国际秩序中最具根本性,但又隐藏至深的悖论:决定国际秩序的深层次力量不是寡头团体内部脆弱的均势,而是寡头内外之间的隔阂与张力,有寡头统治,就有形形色色的抗议行为体及其日益强大的抗议冲击力。

二、国际秩序演化的实质:
从国家间性走向社会间性

在国际关系研究中,一般用单极、两极、多极等方式来形容国际格局及其秩序特征,特别是对于第二次世界大战以来的当今国际体系,主要的辩论聚焦美苏争霸的两极格局究竟是向美国霸权的单极格局演变,还是向一超多强的多极格局演变。巴迪对此提出了两个层面的质疑和批评。一是形式上,国际秩序果真能够以数个"极"来描述吗?极和极性似乎已经流于通俗、惯例表达的肤浅,而它们严谨的学术定义究竟意指何物? 如何看待第二次世界大战以来的两极格局及其演变,无论是单极说还是多极说或许都错失了问题的关键。二是实质上,现代国际体系不是孤立存在的社会领域,而是受不同时代物质、技术、经济、文化等多方面因素塑造和影响。理解当代国际秩序演化的实质必须超脱大国博弈游戏的窠臼,把握全球化大背景下社会力量涌现并进入国际政治舞台的根本趋势,认识到国际关系演变的本质在于从国家间性走向社会间性,以此为出发点反思权力本身,以及全球性问题与权力有多大关联、以何种方式关联。

"极"性格局的含义

巴迪指出,如果说第二次世界大战结束初期,以及在冷战高潮阶段,两极格局尚且是一个可以接受的描述方式,那么在冷战结束后四分之一个世纪里,我们仍然以"极"作为思考方式,并且仅以"后两极"这一含混不明的方式来形容当今国际格局,那么这就是令人难以接受的了。而且,两极是历史上的一种特例和偶然,是不同于帝国霸权和寡头治理的某种变体,不能用两极格局之下的特殊逻辑来推论普遍的,特别是当今和未来正在演变中的国际关系。为此,巴迪对"极"作出了明确界定:一方面采纳了结构现实主义关于"单元间权力分配"的理解,[6]用极来表示国际体系中权力分布和集中的状况;另一方面指出,两极中的极包含了极化、敌对、对抗的关系,这不同于19世纪至第一次世界大战前英法俄普奥五大国之间的"多极"关系,而且两极的对抗性也不是自始至终的铁板一块,而是存在许多相对性与悖论。

巴迪强调两极格局是一种历史特例,因为在这一格局下出现了两大颠覆性革新,即核武器的使用与意识形态的绝对化。核武器作为一种以毁灭,而不是打击为效果的军事手段,颠覆了国际政治中使用武力的逻辑,从争取优胜转为"确保互相摧毁"。核威慑对国际关系最深刻的影响不在于威胁和平或维系和平,而在于改变了国家行为,催生了巴迪称之为"保护逻辑"或"扈从逻辑"的结盟行为,进而直接导致了两大阵营的形成。令人信服的核威慑能力成为两极格局下具有保护能力的象征,因此无核国家或有限核能力国家只有选择追随超级大国,即在美苏两大超级强国之间择其一而从之,并以阵营方式自处,才能确保自身的生存和安全。在为安全而结成的阵营基础上复合了意识形态的对立与至高无上,美国的自由主义和苏联的"马列主义社会主义"不仅有着世界观与价值取向上的明显冲突,而且双方都以"历史终结者"的救世主自居,都具有强烈的意识形态扩张性。这导致两大阵营不像经典多极时代的结盟关系那样存在选择盟友和转变阵营的灵活性,而是只将对抗关系不断固化和深化,致使两个超级大国与两大阵营之间的相互敌意螺旋上升。因此,作为国际格局中特例的两极指的是一种多层面的关系,既描述体系中存在两大超级强国的现实,还指两大超级强国分别吸附了数目不等的追随者、扈从国,以及这两大阵营之间稳定而持久的对抗关系。

"极"性格局的背后

当冷战结束、苏联消失,两极格局的解体不只是"二减一等于一个单极霸权"的算数问题,而是意味着保护逻辑、扈从逻辑、阵营逻辑的消解,核威慑的无的放矢,以及意识形态作为身份认同标记和国际动员力的淡化。这些问题才是"后两极"国际秩序真正的变化所在。事实上,虽然两极格局最突出的特征是极化对立,但是,两个不那么引人注目的趋势性特征对两极格局的终结以及后两极世界政治的发展产生了更为深远的影响。一是两大超级强国从水火不容的对立走向了一定程度上的共谋和共治,使两极格局本质上仍是一种寡头治理模式。因此,两极格局也体现了寡头治理封闭性和排斥性的根本弊端。两大阵营内部都不乏对"盟主"的抗议者,比如西方阵营中争取独立自主外交的法国,东方阵营中与苏联公开决裂的南斯拉夫和中国。两大阵营之外,广大前殖民地国家在争取独立过程中经历了复杂动荡、时常充满暴力的社会制度、意识形态以及政治外交抉择,而且在选边站队与"不结盟"的路径之间矛盾重重、反复变换,总是不按常理和章法地爆发出抗议动力。因此,与美苏二元共治直接相关的第二个趋势在于国际体系中的"无产者"和抗议者结集成为一支日益具有颠覆性的力量。真正撼动了两极格局根基的不是美苏之间的相互敌对,而是在寡头治理的傲慢心态下被蔑称和低估的"边缘性冲突",即发生在后殖民地国家、发展中国家中的战乱与冲突。不可小觑的是,这些边缘性冲突既非核武器能够应对,也非超级强国能够驾驭。美国在越南和苏联在阿富汗的失败经历分别给出了典型例证。

"极"性格局被散布在南方世界中的边缘性冲突所侵蚀,揭示了全球化世界中更为深层次的变化,即:社会力量成为国际政治中具有自主性的行为体,社会问题成为世界政治中矛盾冲突的根源和导火索,跨越国家边境的社会间联系成为更强有力的动员力量,跨国界的身份认同成为比现代国家更具吸引力的认同方式,传统的国家间政治在全球化进程中逐渐转变为以社会间性定义的世界政治。巴迪在此指出了通信技术革命与全球化的深远意义,这一悄无声息的变革改变了时间和空间距离的属性,使以往被国界束缚的社会行为体能够直接地、实时地相互联系,从而从根本上创造了跨国的社会间性。自前两极格局中肇始、在两极格局中酝酿发展、在后两极格局中显著呈现的抗议力量,其实来自社会肌体而不是国家政府,或者说是由社会进入并掌控了国家政治。因此,我们今天所熟知的战乱冲突并不是发生在占据国际体系主导地位的大国之间,而是集中在国际体系金字塔底端那些贫穷、高失业、社会分裂、国家建构不足或畸形的弱势群体中,比如中东、非洲、东南亚、中南美洲等人类发展指数低下的国家中此起彼伏的战争,再比如今天困扰整个国际社会的"基地"组织、"伊斯兰国"等非国家行为体发动的非对称性恐怖袭击,还有著名的"文明间冲突"。

这些混乱失序是当今国际秩序需要从根本上面对和解决的问题。而寡头集团拥有的先进武器、核威慑能力、巨量财富、政治威望和影响等,都无力解决广大弱势国家和社会中的发展问题,尤其是人的发展问题。巴迪十分形象地比喻说,加农炮可以打败加农炮,但无法征服社会,因此,权力、权力资源、权力手段等都亟需反思重构。可以说,两极格局以来,国际冲突的根源已经越来越不再是大国竞争或均势失衡,而是国际秩序本身的公正性与包容性;牵动国际安全与地缘战略的力量不再是大国的雄心意志,而是弱国的行为效应;思考国际关系的中心问题不再是东西关系,而是南北关系。实际上,冷战结束后的所谓"后两极"格局既非单极也非多极,而是一种东西、南北关系交织,以社会发展和社会问题为导向、以社会间性为基本属性的"无极"秩序。

三、国际社会的行为逻辑:自助性与他异性

世界政治的秩序演化对国家的行为逻辑和国际体系的治理模式提出

了根本性挑战。单极霸权和寡头治理模式哪一种更适合全球化的世界政治,或者说,如果这两种模式都有不可破解的治理局限性,如何设想替代性的行为逻辑与国际秩序? 这是巴迪在分析国际政治中不同类型行为体的对外政策和主要国际冲突之后提出的问题。

寡头治理者的自助逻辑

巴迪认为,于 1989 年两极格局瓦解之际诞生的"新现实主义",以及之后的"进攻性现实主义"没有看到美国单极霸权的虚幻。诚然,老布什总统发动的第一次伊拉克战争得到了国际社会,特别是包括俄罗斯和中国在内的安理会成员的支持或默许,彰显了美国在实力和道义上的双重领导力,但这仅是转瞬即逝的现象。美国很快遭遇了跨社会性的世界政治中权力贬值与失效的问题:能够伤及美国本土的新暴力来自非国家行为体的恐怖主义组织;进攻手段是对非战斗人员不加区分的自杀式袭击;暴力场域不是集中的、领土性的战区,而是跨国联动的话语、符号和想象;暴力的动机与目标不是权力、财富,而是混杂着屈辱与尊严、否定与承认、全球性与本土性的身份认同。从这个意义上说,巴迪将 2001 年的 9·11 事件视为国际社会进入"新世纪"的标志,因为新的世界政治正是以强权的失效与弱者的强势这一相辅相成的悖论为特征。

进入 21 世纪以后,美国"单极霸权"经历了从小布什总统的新保守主义激进反应,到奥巴马总统的犹豫反思与矫枉探索的过程。强行输出民主制度和价值的"转型外交"与"政权更替"导致了灾难性后果,反恐战争的成效越来越偏离其初衷目标,文明的冲突成为自我实现的预言——新保守主义走向事与愿违的失败结局,促使奥巴马感受到,美国的软实力无论多么强大而无可置疑地受到包括其抗议者在内的欢迎,但始终有难以转化为国际政治认同与支持的局限性,于是他尝试推动更加尊重文化多元性、注重包容性的对外政策。然而,巴迪指出,需要反思和调整的不仅是政策层面,更重要的是行为逻辑——作为第二次世界大战结束以来始终占据国际体系主导地位和寡头治理核心地位的世界最强大国家,如果不调整其唯我独尊的普世主义救世主心态,不走出霸权的迷思,继续无视世界上日益多元的他者,恐怕只能继续承担应对新型暴力和冲突方法不当的高昂成本与惨重后果,并继续被新的国际格局与国际秩序所消耗,而不是对其施加影响或主导。

巴迪对于国际社会中更为资深的"寡头统治者"——今天的欧盟——也作出了行为逻辑上的批评。欧盟没有抓住两极格局终结、保护与扈从逻辑消解的良机,重塑国际行动的独立性,而是继续暴露甚至加剧了寡头行为的弊端,以至于在权力重组、多元融合的新世界中难以找到合适的定位。欧盟一方面在重拾传统强权地位的诱惑与继续塑造新型超国家行为体的道路之间犹豫不决,另一方面,没有超越功能主义和功利主义的"自助与联合"思维,转向激发内部协同合力的"团结与互助"模式。比如在欧债危机中,德法面对希腊、意大利、西班牙,避免引火烧身的自保心态显然占据了上风,说明欧盟的联合仍然是基于利益相关,而非命运与共,但这恰恰限制了欧盟的国际行动力和影响力,使其在巴以问题、叙利亚问题等国际安全与战略事务中无法以一个声音说话,也无法提出令人耳目一新的出路对策。在新机遇和新路径面前,欧盟仍然延续着封闭性、排斥性的寡头逻辑,因此既无法同以传统的、以硬实力见长的美国、俄罗斯相抗衡,也难以有效整合欧盟内部的新成员,或联合新兴国家和发展中国家新伙伴,至今没有发挥出其引领国际体系文化变革的潜力。

法国的对外行为与政策尤其具有典型性。第二次世界大战后,法国奉行的戴高乐主义独立自主对外政策堪称富有远见卓识,因为戴高乐不仅意识到了法国实力的衰落,而且还预见到权力本身的失效,因此及时地将法国的对外政策目标由追求强大转变为追求"伟大",体现在追求统一欧洲的领导权,明智地从去殖民化进程的痛苦中脱身,转而同广大发展中国家和解与合作,以及充分利用多边国际机制扩大法国的威望与影响。欧洲主义、南方主义和多边主义成为法国对外政策的三大支柱,使法国"持二等舱票坐上了头等舱座位"[7]。而且,法国的这一对外政策在从戴高乐到希拉克的近半个世纪里保持了高度延续性,实现了没有戴高乐的"戴高乐主义",形成了"无论左派还是右派,在对外政策上都是戴高乐派"的外交风格。[8]但是,当冷战结束、国际格局深刻调整时,法国的对外政策出现了迷失和转折,表现为受美国单极霸权影响过深的法式新保守主义:法国重返北约,重拾已经失去历史语义的阵营逻辑;发动新干预主义的法式反恐战争,折损了其南方主义的友善形象与实利;以惩戒外交为名强化寡头治理的排斥行为,主动走向了俄罗斯、叙利亚、伊朗、利比亚等国的敌对面。究其根本,法国仍秉持着旧秩序下的自助逻辑,追求已过时的"中等强国"地位以自我安慰,仍幻想退回肩负"特殊责任"荣光的寡头治理时代,这反而降低了法国对国际格局与国际秩序变化的解读能力与适应能力。2015 年 11·13 恐怖袭击事件,也被称为法式"9·11",给法国不合时宜的行为与政策敲响了警钟。

抗议行为体的独行能力

在寡头治理体系的另一端,昔日被排斥和轻视的国家与非国家行为体积聚了日益强大的抗议能力,正在以不同的方式重新定义并真正主导着今天的国际日程。在国家行为体中,俄罗斯是最不甘、不应该而且无法被排斥在治理体系之外的。尚且不说俄罗斯有参与欧洲列强寡头治理的历史经验和传统,有捍卫大国地位的意志和魄力,而且俄罗斯从未真正接受冷战"战败者"的身份。仅在进入 21 世纪后的十几年间,俄罗斯就恢复了在国际社会中硬实力的存在感,而且利用新兴国家身份构建了新的联盟,在格鲁吉亚、克里米亚、叙利亚等国际事件中向西方证明了自己在全球治理中的不可或缺性。以中国、印度、巴西和南非为代表的新一代"新兴国家",虽然在发展全面性、均衡性、可持续性上仍有各种问题与不确定性,但已经明确地不满足于一种卑微的国际地位。它们不仅有参与国际治理的明确诉求,而且利用其发展的不充分性与地位模糊性积极塑造"发展中国家代言人""抗议领袖"的形象。这些国家继承了万隆会议的精神与不结盟运动的遗产,同时以更少意识形态色彩、更多务实高效的方式构建着南南轴心,与七国集团分享、争夺着对全球治理的影响力。

此外,在刚果、索马里、萨赫勒以及中东等所谓"国际热点"地区,战乱的机理要归因于国家建构与社会整合的失败,而这一失败需要向长期推行工具主义政策和新殖民主义双重标准的西方大国、寡头治理者追责。西方国家不仅没有向这些"进口"其现代国家形式的"被保护国""扈从国"提供必要的资源和帮助,反而支持专制、腐败,甚至极权、暴虐的当地统治者,利用这些国家的"衰弱"谋利,延续本应终结的保护逻辑与依附关系。结果是加剧了合法性缺失,制度赤字,国家机器与本土社会分离,市民社会萎缩,发展停滞,集体挫败感、痛苦、屈辱与怨恨情绪积聚,以及社会认同碎裂。这些"病症"为激进主义、极端主义和暴力主义提供了温床,培育了哈马斯、真主党、"基地"组织、"伊斯兰国"等不断升级的"暴力领袖",催生了内战、族群冲突、文明冲突与国际争端交织混杂的"多层战争"。这些新型冲突牵动着联合国的神经、大国的行动与资源,而且在这一恶性循环中,自以为掌控国际秩序的"寡头们"越来越只是被动应对,承担其自以为是、自私自利的自助逻辑以及傲慢的排斥逻辑的后果。巴迪不无辛辣地指出,仅就21世纪以来的前15年而言,真正能够先发制人采取行动的只有本·拉登和巴格达迪,他们引发的颠覆性影响比世界上所有政府能做的总和还多。

由此,巴迪总结"后两极"国际格局各种问题的根源在于,无论是霸权国、寡头治理者还是抗议者,在面对全球化与互相依存的世界时,仍顽固地奉行着起源于17世纪欧洲的、霍布斯式的国际体系自助逻辑,视野中似乎世界上只有"我们"自己,不顾及他者的利益和情感,无视他者的文化与传统。这种"弹子球"式相互碰撞的国际政治已经不再适合今天相互依存的全球化世界,无法再像当年的威斯特伐利亚和约一样提供一种有效的"共存"之道。因此,国际格局和国际秩序的演变要求用他异性逻辑取代自助逻辑,即走出自我封闭与狭隘自利,正视和尊重他者,维护文化多样性、开展文明间对话,重塑国际秩序的平等性和公正性,聚焦人的发展问题与可持续发展问题,构建人人为我、我为人人的社会间性纽带,再一次以"集体的"方式走向国际社会的未来。这需要真正的国务家的担当与卓识,需要超越既定思维框架的智慧和勇气,需要重塑外交作为对话协商艺术的作用,最根本的是要承认:世界上不再只有"我们"。

四、国际关系研究的"法国学派": 未开发的资源

巴迪关于国际秩序的另类思考作为当代"法式国际关系研究"的一部代表性作品,对于深化本学科专业的知识和理解、启发学科未来发展路径具有独到的贡献,也说明在国内学术界熟知的"美国重心"的学科发展脉络和理论框架之外,还有注重社会学、人类学、历史学等综合性思维方法、

具有自成一体的研究传统的"法国学派"这样尚未充分开发的资源。从该书主要内容和观点的介绍中不难看出,巴迪这部作品以及从中反映的法国国际关系研究的特色体现在三个方面。

第一,注重概念的反思与重构,具有鲜明的后现代主义和批判主义理论基底。在巴迪看来,国际秩序、两极格局、权力、霸权、战争、冲突、安全等国际关系研究中的核心概念,越是进入学者和实务者的日常生活语境,越容易形成思维定势与内容依赖,久而久之演变为一种智识懒惰——即使面对变化了的现实也不想或不愿去更新这些关键概念的内涵,面对新情况和新问题仍局限在既定的概念框架中寻找出路和对策——表面上看是政策缺乏适切性,深层次的原因在于认知框架与思维方式的滞后。巴迪主张对这些核心概念要进行与时俱进的反思、重读、重构,不被"经典定义"在历史社会学意义上的时空局限性所束缚,特别是要超越国际关系整体的现代性,以适应全球化、后现代世界政治的发展。巴迪也因此被称为20世纪90年代兴起、21世纪初获得国际声望的法国后现代主义国际关系理论代表人物。[9]而且,他改变了法国国际关系学者一贯我行我素、自愿孤立于大西洋两岸理论建构之外的态度,以反思主义支持者的立场加入了90年代的国际关系理论第三次大辩论,在批判和超越现代的"普遍主义"这一点上与美国国际关系理论学派建立了沟通对话的桥梁。[10]

同时,巴迪的后现代主义思考具有强烈的自我批判性。他虽然不声称社会科学的"价值中立"或"价值无涉",但非常清醒自觉地超越自身所属的西方和欧洲视角。巴迪对单极霸权幻象的无情嘲讽,对寡头治理模式的深刻剖析,对发达国家新殖民主义虚伪性的揭露,以及对国际体系统治者与"无产者"的二分法描述,体现了一种刀刃向内的冷酷和马克思式的阶级批判。这让人联想到,巴迪1975年在巴黎政治学院获得的博士学位论文题目就是《冲击下的法国共产党》,也让人想起福柯说过的,法国哲学曾经一度是马克思主义一统天下的局面。[11]在理论视角和底色上,以巴迪为代表的法国后现代主义国际关系学者的作品与中国学界熟知的英美学者的作品有显著区别。也正是由于这一点,巴迪的批判主义分析提供了更加中立、中肯的观察和论证,他关于"权力失效""弱者效应""多层战争""无极格局"等论断独具新意,具有开拓思维空间的作用。这对于力图超脱"美国重心"的非西方国际关系研究者来说,更有启发和借鉴意义。

第二，注重社会建构与理论超越，具有社会学与政治学融合的学派风格。巴迪对国际关系和国际现象的分析继承了雷蒙·阿隆的传统，具有鲜明的社会学特色。他把国际关系视为被编织在社会关系与社会意义网络中的社会事实，具有建构性和流动性。[12]这意味国际关系中存在多元行为体、多种理性、多重规范与多样的行为逻辑，而且没有哪一个"变量"能够独立发挥作用或起主导作用，也没有哪一种单一的因果链条能够充分解释社会现象中的相互联系、影响与建构。因此，巴迪不赞同国际关系理论过多向经济学、统计学以及数学等学科借鉴思维方法，比如对于冷战结束和苏联解体，两极之一的消失如果用"二减一"的公式去理解则必然导致谬误。国际关系研究应该借鉴社会学和人类学的整体主义方法，把各种行为体和变量放在一起观察和思考，重要的不在于找到某个起关键作用的变量，或某条"规律"，而在于理解社会因素之间多层多维的复杂联系与动态演化，把握世界政治从国家间性向社会间性转变的本质。巴迪在1993年与玛丽-克洛德·斯莫茨合著的《世界的逆转：国际关系社会学》中提出，要以国际关系社会学的方式思考，才能够在国际现象的"迷宫"中读懂各种变化、失范与逆转。[13]这部著作被巴黎政治学院通识课程"世界空间"（即全球政治）用作基本教学参考读物，反映出法国学界对构建国际关系社会学有很高的认同与共识。[14]

进入21世纪以后，将政治哲学、国际政治学、比较政治学与社会学、人类学融合的国际关系社会学已经成为法国学术界独立存在的一支跨学科学术流派。这一流派的另一位代表人物吉约姆·德文指出，国际关系社会学是与"国际关系理论"并行的研究传统，而且可以说是对理论的超越——因为理论，特别是元理论所追求的范式、变量、因果联系对于复杂的国际社会现象而言过于单薄而难以提供令人满意的解释力，侧重历史和事件分析与诠释的政治社会学路径具有更扎实的"理论价值"。[15]巴迪在这部著作中又一次提出要构建一门"精致而准确"的国际关系社会学，以满足时代的挑战和要求。他指出，现实主义和自由主义两大主流理论体系都有自身无法逾越的理论困境，出路在于正视和承认世界政治的非单一性和非普遍性，克服智识懒惰，由追求"理论建构"转向注重实证研究与理解诠释，从而吸纳兼容两大主流理论视角，同时使国际关系学科重心不再仅仅聚焦简单机械的"权力分析"，而是真正关注国际社会的问题、病症与变迁,使之成为一门研究"'社会构造'的科学"。虽然国际关系社会学的建构仍是正在进行时,但无疑能够为21世纪以来国际关系的"大理论沉寂"提供启发,为学科发展注入新动力。

第三,注重历史叙事与文化多元性,具有广阔的全球主义视野与人文主义情怀。巴迪的作品虽然被冠以"后现代主义"风格,但他的研究方法和写作方式更接近国际关系研究的"传统主义者",注重追索历史脉络、"厚重"描述与案例分析,给人的阅读体验犹如"在'社会科学'之星高悬的寒冷冬天过后,披上了一件由老的历史主义和哲学传统织成的温暖外衣"[16]。他更多延续了韦伯"理解社会现象如何历史地成其为如此而非其他"的思路,[17]认为社会行为动机和理性形成于不同的历史发展轨迹和文化背景中,所以要理解作为社会现象的国际关系,必须认真剖析历史和文化要素。[18]在这部作品中,巴迪通过追溯现代国际体系演变与扩散的历史说明,虽然非欧洲和非西方的社会、群体、国家等先后被纳入这一体系,但注定有水土不服的"病症",以及与生俱来的矛盾互斥——这才是今天去殖民化进程遗患无穷、各种"失败国家""无赖国家"产生的深层次原因。比如,欧洲的政治思想和实践建立在宗教与世俗二元性的基础上,这从根本上与伊斯兰文明"属灵世界"与"世俗世界"不可分割的信念相抵触,因此即使被后者进口或舶来,也不能发挥西方现代政治"思考、实践、调适变革"的作用。[19]巴迪把第一次世界大战后的早期泛阿主义、泛亚主义、泛非主义运动,与第二次世界大战后的不结盟运动、七十七国集团,冷战后的新兴国家、失败国家,甚至恐怖主义等统合进一个具有内在连续性的历史叙事中,有力地说明被排斥和忽视的屈辱、怨恨、痛苦是驱动国际秩序演进的真正重要的"变量",也说明传统的、前现代社会未必会发展为现代和后现代社会,同样也没有理由必然成为某种秩序的边缘和附庸,非西方世界的发展路径和现代化模式是多样的,并非要以西方的现代性为蓝图。

可见,文化多元主义是巴迪主张"他异性"逻辑的根本动因。巴迪有一半的伊朗血统,会讲波斯语,掌握一定的阿拉伯语,曾在法国国立东方语言文化学院(INALCO)学习,除了拥有政治学博士学位外,还有20世纪世界历史学深入学习文凭(DEA,相当于今天的研究型硕士)。这些经历使巴迪对西方文化的"他者"具有高度的敏感与关怀,特别是对亚非拉等"第三世界"抱有深厚的理解同情,对因"他异性"缺失而产生的问题具有独到的见解。在相关研究早已汗牛充栋的中东问题上,巴迪发现了一个非常微妙但重要的因素,就是其地理上与欧洲的毗邻性和文明的厚重性使中东地区的苦难格外深重——被熟人,而不是陌生人羞辱带来的痛苦更难以让人忍受,而且越是拥有曾经辉煌的历史和回忆,越是会为"落后挨打"的现状感到痛苦。这生动地解释了为什么在人类文明发源地、三大宗教圣地,且与欧罗巴文明地缘接壤的中东,聚集着火山般的仇恨与暴力。只有走进每一种文化的历史和思想深处,才能够把握不同人民的认知偏好与心理特征,才能够理解其政治外交行为与选择——这要求一种全球主义立场和视野。事实上,全球主义在法国国际关系的教学和研究中是一个基本起点,而不是一种补充说明。对全球主义和文化多元主义的强调,使巴迪和许多法国国际关系学者的作品也许在叙述论证上形式散漫不拘一格,但是都透射着人文情怀的温度——回归大写的"人"字,恰恰是国际关系研究的初心使命。

五、在当今世界如何自处:对中国的启示

2021 年是中国恢复在联合国合法席位 50 周年,中国在重返和融入国际社会的历史进程中已经走出整整半个世纪。习近平主席在同联合国秘书长古特雷斯的通话中表示,中方将继续支持联合国及古特雷斯秘书长工作,维护真正的多边主义。在这一时间节点,我们的确十分有必要回顾总结、思考砥行,在庆祝中国积极融入国际社会的同时,思考如何在风云变幻的全球化世界上自处,以更好地发展自己、造福世界。巴迪关于"世界不再只有'我们'"的许多思维框架可以为我所用,为我们开拓新时代大国外交的中国特色、中国格局、中国气派提供启发。

首先,需要充分意识到中国融入的是一种异己文化和异质体系,与时俱进地思考国际社会中学习与社会化的意义。正如巴迪所说,国际体系和国际秩序带着不可避免也不可能从根本上祛除的西方文化特质和欧洲中心主义视角。对于体系的后来者、曾经的被排斥者、今日全球治理的"新兴"行为体,我们需要把融入全球化世界视为一个长期、持续的历史进

程,而且这种融入必然要求对他异性的认知、理解、适应以至于主动利用。沟通交往的困难与相互磨合的痛苦不仅在改革开放、重开国门之初存在,在深化改革与扩大开放的阶段也不会轻松,甚至可能会遇到更加尖锐的矛盾和问题。因此,我们需要在这一历史进程中保持定力、耐心和信心,通过学习和社会化来实现与国际体系、国际秩序、国际社会的"共同演进"(co-evolution)[20]。这意味着,一方面,学习不是建立在先进—落后、现代—非现代、优—劣、强—弱等二元论预设之上,向他者学习不简单地等于己不如人,而是一种开放包容、互学互鉴的心态。要能够看到任何他者,包括远不如自己"强大""先进"的他者,也会在某个方面具有独特的优势和智慧,可以提供启发借鉴,如此才能在技术、信息、观念日新月异的世界上保持不断进步。另一方面,学习与社会化的目标不是为了有朝一日变成某种他者,或占据国际秩序的某种"等次"或地位,这将会有落入静态思维与零和博弈的危险。学习与社会化归根结底是一种建立在自我完善基础上的与外部世界的良性互动,落脚点是增进与他者的相互了解与信任,在此过程中把自身的理念、诉求、影响转化为国际体系演进的动力与灵感。

其次,需要深刻认识世界政治中的复杂性、多重性、模糊性,塑造一种精致、有效而灵活的对外政策与交往行动。今天的世界政治难以用一张单一的"世界地图"来呈现,需要根据不同的议题领域、不同的立场视角绘制一套"地图集",因为轮廓清晰、单一面向、线性进步等现代性特质逐渐被"混沌互渗"的后现代性侵蚀,甚至在某些领域被取代。特别是我们努力深入参与并试图发挥引领作用的全球治理,更是建立在行为体多元、议题维度复合、多重利益交织,而且富于流变性与模糊性的基础上,而且中国在全球治理中的利益、身份、诉求、认知、情感同样也是复杂多样的,不是单一、整全、固化的。因此,国家主义、权力中心的传统国际政治行为模式很难适应"社会间性"的世界政治,非此即彼、非黑即白的策略决断也难以应对议题与场合的复杂微妙。还要看到,国家间政治中"敌人的敌人就是朋友、敌人的朋友也是敌人"的传统逻辑不再颠扑不破,在不同情况下会产生多种变体。因此,我们对国际形势、事件、关系、行为体及其策略逻辑的分析需要更加具体、精细,明确中心任务、主要矛盾和长远目标,尽量避免简单化、单向度的思维和行动,善于在复杂动态的国际格局中谋势开局、因势利导、趋利避害,营造积极开放而富有活力的对外交往格局。

最后,需要加强全球主义视野与他异性话语建构,更好地培育和展现构建人类命运共同体的大国心态与大国风范。中国提出的构建人类命运共同体主张是一种"天下大同、美美与共"的美好愿景,全球主义视野和情怀是其内在要求。全球主义的本质是尊重差异性、维护多样性、坚持利他性、倡导团结互助性,是对现代性的系统、整体超越。推进构建人类命运共同体不只是要将其作为一个概念术语写入政策文件,而是要将其作为一种思维方式重塑我们的对外交往行为逻辑和话语实践。如同巴迪对法国和欧洲作出了要"走出自我"的批判性思考,我们也需要通过建构他异性逻辑来推动自我走向世界舞台中央:既改变长期以来给外界留下的"事不关己、漠不关心"的印象,又纠正近年来外界对中国新外交等同于"一味强硬"的误解。我们要用多层次、多领域的具体政策、话语和实践展示"对话"诚意,支撑"互惠"主张,证实"共赢"成果,在持之以恒的参与和贡献中塑造自己期待、他者认同的角色与形象。特别是要更加重视国际组织和多边机制的作用,因为"世界上不是只有'我们'"在多边舞台上体现得尤其直接,尤其具有现实意义。我们需要增加对非直接涉我,但在多边视角下具有重要性的议题关注,提升国际组织参与实践的外交专业化水平,增强多边政策与话语中的利他性考量与表达,以丰富开放的多边外交实践充实"负责任大国"形象,展示"仁智"大国心态与风范,让构建人类命运共同体的理念由己及人,潜移默化,滋养更加和平、持久、包容性的国际体系文化。

翻译巴迪的这部作品早已超越一份单纯的语言转换工作,而是启迪了一个学术探索与思考的历程。作为译者,本人在这一过程中的收获不可言喻。在此要衷心感谢敬爱的导师、北京大学博雅特聘教授王逸舟对引进法国优秀国际关系学者及作品的热情鼓励、悉心指导和大力支持,这正体现了中国学者的全球视野、开放胸怀、文化自信与学术眼界,鼓舞并坚定了学生拓展非美国、非主流知识探索路径的勇气与信心。还要感谢巴迪教授对本人的信任,并专门为中译版作序。同时,巴黎政治学院的校友刘华胤、李杨、陆威对本书的翻译寄予厚望,一直陪伴鼓励。希望这部作品作为巴迪教授的首部中文译著,将会启发中国国际关系学界对法国学者和法国学派的兴趣,未来有更多有代表性、有特色的法文译著进入中国读者视野,增进中法两国知识界之间历久弥新的友好交流。感谢浙江大学吕一民教授对素昧平生的后辈小生的提携厚爱,平易近人而亲切温暖地接受为本书作序,虽然一直以邮件方式沟通,但字里行间透射出的大师风范与师者仁心让译者深为感动,必将以吕教授为榜样,做"有思想、有深度、有责任、有温度"的当代中国学人。本书的翻译得到国家社科基金重大项目"法兰西第三共和国殖民扩张史料整体与研究"(21&ZD248)经费支持,同时也是该项目的阶段性成果。还要感谢上海人民出版社王琪先生高效、细致的工作,为本书的出版提供了宝贵支持。最后,言语无法表达对家人无私奉献与倾心支持的感激,他们使本人每一点每一滴的学术工作成为可能。

　　由于语言和专业水平的局限性,译作难免有疏漏和差错,这些责任全由译者承担,并恳请读者批评指正。

宗华伟

2021 年 7 月 22 日于北京大学

注　释

1. 安德鲁·赫里尔在《无政府社会》序言中形容布尔之语,见《无政府社会——世界政治中的秩序研究》(第 4 版),张小明译,上海:上海人民出版社 2015 年版,第Ⅲ页。

2.[英]赫德利·布尔《无政府社会——世界政治中的秩序研究》(第 4 版),张小明译,第 18 页。

3.[德]路德维希·德约:《脆弱的平衡——欧洲四个世纪的权势斗争》,时殷弘译,北京:人民出版社 2016 年版。

4.[美]汉斯·摩根索:《国家间政治》(影印版),肯尼思·汤普森修订,北京:北京大学出版社 2005 年版,第 115—118 页。

5. 袁明主编:《国际关系史》,北京:北京大学出版社 2015 年版,第 89 页。

6.[美]肯尼思·沃尔兹:《国际政治理论》,信强译,苏长和校,上海:上海人民出版社 2017 年版,第 106 页。

7. B. Badie, Marie-Claude Smouts：*Le retournement du monde：Sociologie de la scène internationale*，3ème Edition，Presse de Sciences Po et Dalloz，1999.

8. Frédéric Bozo：*La politique étrangère de la France depuis 1945*，Flammarion，2019.

9. 庞林立:《法国后现代主义国际关系理论对后冷战世界的认知和分析》,载

《国际观察》2008年第1期,第100—111页。

10. 严双伍、陈菲:《国际关系理论中的法国学派》,载《世界经济与政治》2009年第7期,第59—65页。

11. [法]米歇尔·福柯:《权力的眼睛:福柯访谈录》,严锋译,上海:上海人民出版社2021年版,第5页。

12. 安娜·莱安德:《贝特朗·巴第:改变国际关系态势的文化多元性?》,载[挪威]伊弗·B.诺伊曼、[丹麦]奥勒·韦弗尔主编:《未来国际思想大师》,肖锋、石泉译,北京:北京大学出版社2003年版,第202—231页。

13. B. Badie, Marie-Claude Smouts: *Le retournement du monde: Sociologie de la scène internationale*, 3ème Edition, Presse de Sciences Po et Dalloz, 1999.

14. Jean-Philippe Thérien, "Le retournement du monde: Sociologie de la scène internationale", *Canadian Journal of Political Science*, Vol.27, No.1, pp.205—206.

15. Guillaume Devin, *Sociologie des relations internationales*, 3ème édition, La Découverte, 2013.

16. 王逸舟:《西方国际政治学:历史与理论》(第3版),上海:上海人民出版社2020年版,第55页。

17. John Gerard Ruggie, "What Makes the World Hang Together? Neo-Utilitarianism and the Social Constructivist Challenge", *International Organization*, Vol.52, No.4, *International Organization at Fifty: Exploration and Contestation in the Study of World Politics*(*Autumn, 1998*), pp.855—885.

18. 安娜·莱安德:《贝特朗·巴第:改变国际关系态势的文化多元性?》,载[挪威]伊弗·B诺伊曼、[丹麦]奥勒·韦弗尔主编:《未来国际思想大师》,肖锋、石泉译,北京:北京大学出版社2003年版,第202—231页。

19. 同上书,第202—231页。

20. 秦亚青主编:《实践与变革:中国参与国际体系进程研究》,北京:世界知识出版社2016年版,第91—92页。

中文版前言

　　我格外荣幸向中国读者送上这部出版于2016年的作品,当时传统国际关系分析正处于一种深受震撼的危机背景下。5年来,这种危机进一步深化,但性质没有变化,即使今天重写,我可能也不会做什么改动。必须承认,随时光倒流而回望,国际关系这门1945年以来发展起来的科学,始终受双重因素影响:一是学科诞生的背景,二是行为体和实践者不断参与其中的漫长发展史。国际关系作为一门科学确立是在第二次世界大战结束之时,深深烙上了大国的印记,因为它们合力击败了纳粹狂魔,拯救了苍生。于是国际关系科学几乎自然而然地赞颂新生的美国霸权,而且这一新学科最早的专家几乎全是美国公民。至于浮现于他们分析笔端的历史,其实是一个欧美世界的历史,这个世界自认为通过著名的、1648年终结了三十年战争的威斯特伐利亚和平,创造了国际生活的现代性。这是出现于欧洲文艺复兴之后的现代性,孕育了最初的欧洲国际体系。

　　这是一番不证自明的道理:欧洲世界——随后催生了美国——以最初的国际体系的创建者自居,而这一国际体系只能不断普世化,扩展至世界所有角落,因为它不仅建立在启蒙时代的普世理性基础上,还有欧洲的主导地位、无论是否以殖民方式主导,及其经济与技术的巨大成功来支撑,而且欧洲的主导地位与其经济技术成功相互提升。不需再有任何疑问:欧美模式是"世上之唯一"。这一幻象却很快带来了灾难性后果:无法理解去殖民化进程,也不知该如何引导这一进程,闭锁在冷战和两极格局的旧图式中,误解了正在出现的全球化的意义,错以为可以工具化利用全球化来巩固昔日霸权。国际关系作为一种美国科学反映出这种天真,继续透支旧概念,特别是权力的概念,用权力的视角看待世界上的他者,好像他们只是自己的一群毫无生气的复制品。

本书的写作计划有三重立意,而且至今仍然如此。首先,要走出自我、放眼世界,以更好地相互理解。国际关系主流科学的谬误在于总是忽视西方政治体系创建的独特方式,这使之从根本上区别于其他人民的历史。西方世界倾向于将自己的历史路径视为一种普世进程,于是自行创造了一些概念,仿佛它们能够脱离自己的历史而存在。这就是为什么把历史学与人类学的多元与谦卑引入并创新国际关系理论是至关重要的。

本书写作的第二个目的在于思考他者能够为当今国际关系带来的贡献:自柏林墙倒塌和两极格局终结以后,战争、安全、国际合作的意义再也不同于以往。特别是冲突,再也不像昨天那样,而且从一般意义上来说,不像过去几个世纪,尤其是三十年战争(1618—1648年)以来的数个世纪那样了。冲突不再是国家之间、常规军队之间、以严格的国家利益之名进行的对抗:此后,社会行为体、宗教、社群、犯罪网络,发挥着决定性作用,而传统的国际关系科学理论和实务者们对此很难理解。

最后,也是尤为重要的是,本书的努力是为了让国际关系重新融回于世界,正如书名所示。占主导地位的政治学学说的失败要归因于从未真正将全球化纳入其分析框架,一直停滞在基于诸多旧概念的"威斯特伐利亚"世界观,这是英国哲学家托马斯·霍布斯所推崇的,把国际关系比作主权国家之间永无止境的斗争,按照一种类似于角斗士之战的模式。三个谬误由此产生:战争被塑造成为国际游戏永恒的宿命;国家间的相互依赖和交流仅作为边缘性因素纳入考量;非国家行为体,人民、社会运动、社会或仅仅是个人的怨愤,在理解国际关系现象时可以被忽略。更重要的是,在传统的观念建构中,世界并不是如实存在的:世界几乎从未全面地展示其存在,只是通过国家利益的线索呈现;在这样的世界中,安全仅仅被视为对国家而言的安全,而我们今天知道,所有主要的威胁都是全球性的,影响的是人类整体,无论是卫生、环境、或与贫困相关的挑战,还是其他一些因素,它们的致命性比所有战争和所有恐怖主义袭击造成的伤亡总和还要强很多。

事实上,我所说的是一种语法的变革,触及了国际关系主导性科学的基本范畴。本书主张三个根本性变革,分别是关于权力、霸权和领土性。权力不应再像过去那样作为国际关系的基本原则:主要的权势大国无法如昔日通过一场场战争来巩固地位,它们今天已经无法赢得战争。这就是美国在越南、伊拉克、索马里,苏联在阿富汗,法国在其殖民战争以及今天的萨赫勒地区所处的境遇:军事上的胜利很少见了,权力越来越少地带来收益,而且旧的政治学对此很难提供解释!

权力的消解动摇了霸权的概念。自希腊历史学家修昔底德以来,霸权概念就极受重视,直到在经典国际关系理论学说中被视作神圣。它描述一种权力地位,不仅凭借资源的格外丰富确立,而且还要汇集两项优势:一是被一群寻求自我保护的小国需要并拥护,二是享有能够维护国际体系稳定的公开声誉。本书想要展示的是,这样的时代已经一去不复返了。随着柏林墙的倒塌和充满复杂性的全球化,"极"和"阵营"都消失了,随之消失的还有结盟与追随的游戏,而反霸权的行为比霸权本身还要醒目,因为霸权难以施展。霸权远远无法像过去那样发挥稳定性的作用,而是变成了混乱失序的根源。

同样地,全球化也颠覆了领土性原则,这一原则在欧洲历史上、自16世纪和文艺复兴时代以来、曾一直被集体一致地视为现代国家建构的基础。当时这种新的政治权威形式要求按照领土划分职权,在领土范围内行使法律统治。边界成为一项基本制度,既是权威与主权的属性,也是此后严格分立并存的国家间关系的支柱。这一在科学上和行为中均被视作永恒的建构物今天遭到了双重挑战,我们甚至无法为之作什么真正的辩护。一方面,一些文化对领土有不同的解读,比如昔日的帝国拒绝接受西方推介的严格的边界观念,或是非洲社会,他们历史上处于不断的流动中,对他们而言边界的适宜性是相对的。另一方面,相互依存的逻辑使领土概念更具相对性,交流代替了边界,交易取代了对抗,流动性取代了静止性。

在我看来,这些变化的重要性足以证明新思路的价值,即"走向他者",那些外在于欧洲历史的他者,目的是对自己有更好的认知,也对自身的经验有更为相对的看法。走向他者,以更好地构想一般性,全球化的推进需要这种一般性,但它不属于任何一个个体。走向他者,不仅是为了新建一种包容性的国际关系理论,不把任何人拒之门外,而且,尤为重要的是,把国际关系理论建立于整体的人性观念之上。

这就是本书想要探讨和成就的意义。旧世界是一个竞争性的国家按照霍布斯的角斗士模式周期性对抗的世界:安全不可避免地被描述为国家安全,人性的观念属于乌托邦的范畴。今天,世界上主要的致命性威胁都是全球性的,比如气候、卫生,甚至技术或经济。它们赋予人性概念以双重内涵:人性具有团结的力量,体现在应对那些真正的共同挑战中;人性不以国籍或护照而定义,而是界定为共同的社会需求,以及由这些需求而产生的人类公共产品。今后,团结互助不再只是一种道德,而且还是实用的:归根结底,世界不再只有"我们"。

伯特兰·巴迪

致　　谢

　　本书缘起于雨果·雅龙先生的提议并得益于其建议,特别要感谢他对创作这样一部作品展示出的信心。没有他,一切都无可能:我感谢他的果敢。没有马克·圣-于佩里先生的帮助以及友善的催促,我可能永远无法实现今天的成果:我向他致以诚挚的谢意。

目 录

导　　论

"国际秩序"（L'ordre international）？我们每天都使用这一表述，无论是在权力范畴还是在媒体领域，但与此同时，战争、各种层级的暴力、不断成立和解散的联盟，以及曲折反复的对外政策，似乎都显示不出任何一种国际秩序开始出现的迹象。那些发生在叙利亚、马里或也门的冲突已与我们记忆中的战争全然不同；从科索沃到基辅，冷战再度回归，但已超脱于两极格局之外；那些深入我们社会内部的致命袭击，以及中东那令人费解的血腥游戏：一个更为古老的表述——"国际无政府状态"（anarchie internationale）[1]——从未像今天这样有吸引力。而"国际社会"（communauté international）的概念也从未受到如此嘲讽……

我们该如何描述当今国际体系呢，也许除了借用此前已于 1989 年终结的国际体系旧称之外没有其他的方式可以形容：因此我们不过是"后两极体系"（système post-bipolaire）中微不足道的行为体。这是多么惊人的智识懒惰：距柏林墙倒塌已过去四分之一个世纪，而我们还在以一个已经失效的秩序为参照基准！这一懒惰越发令人难以容忍，特别是因为今天的每个个体都前所未有地受国际日程及其演变与不确定性所影响：国家内部与国际体系生活之间再也没有什么界限阻隔；我们都会受影响，都会因政策失败而成为受害者，都会成为伪装成功，但实属系列性失败的受害者，成为来自另一时代的、已经过时失效的应对策略的受害者，以及因或多或少有意无视国际舞台新变量而成为受害者。

然而，只要能从几个古旧观念中解放出来，我们就能够描述和分析所置身的背景；我们引发并经历着的转折仍是可被描述的，我们在一个已知晓其中行为体的世界里行动，至少，可以尽力发现那些行为体。从萨赫勒到美索不达米亚,各种新形式的冲突正在上演,美国霸权摇摆衰退,俄罗斯巨熊重新崛起,新兴国家令人头痛,苦难者队伍不断壮大,地球因人类对公共物品的重视不足而走向窒息。然而,政策却如同固定程序一般一成不变……缺少保持清醒的努力本身不就是解答谜题的开端吗?在一些重大颠覆性变化的时刻,人们却宁愿能够无视变化、照旧行事、仿佛一切与过去没有区别。于是,我们把新病当作旧疾来医治。我们给自己制造了仍生活在"黄金时代"(Belle Epoque)的幻象。我们沿用陈旧的范畴(catégorie),以便再延续些许旧时代的特权与便利。我们表现得似乎世界上依然只有我们……

在一个只作短期考虑的世界上,选择智识懒惰并不一定是荒谬的:适应的成本在较近的未来总是高昂的,而勇于变革的红利只有当我们不再属于这个世界,即无论如何不再在这个世界进行权力游戏时才会显现。只有政治家愿意高瞻远瞩并付诸实践:政客们更热衷玩弄临时的战争游戏来赢取选举。皮洛士*(Pyrrhus)的好日子还长着呢!事实上,这一旧疾的胜利创造了一种可怕的恶性循环:越是戴着过去的眼镜看待现在,我们对身处世界的理解就越少,而且越想要危险地遁入一个已终结的世界寻求庇护……是时候摆脱"地缘政治"(géopolitique)的强迫症了,它还在影响着各种媒体与各国外交部。这个已经过时、也几乎不再有效的观念坚持以怀旧的方式地看待世界,并局限于领土、政治和战略逻辑中看待世界上的冲突,然而冲突发生的世界已变得富于流动性、跨国性和有组织性,被一些主要围绕社会经济问题开展的、新的社会性行为所重塑。

当然,个别贫瘠的新观念偶尔出现,帮我们的世界改名换姓,可惜,这不过是由于时髦效应而不是出于科学严谨性。中等强国曾用"多极"(multipolarité)时代来自我安慰,宣扬他们仍是世界上的贵族,而且是一个更为均衡的世界。还曾有"超级强国"(hyperpuissance)时代的说法,将美国置于万众之上,但当美国巨人输掉了自己发起的所有战争,这一说法也就很快地被束之高阁。还有所谓哀悼时代与孤儿时代,人们哀叹世界警察的失败。我们该用什么言语来形容这个失序的时代呢,此时,对于任

---

* 皮洛士,希腊化时代的将军、政治家,早期罗马共和国称霸意大利半岛过程中的主要对手之一,以惨重代价赢取了一些对罗马的胜利,谚语"皮洛士式的胜利"源于此。在本文中指终将付出惨重代价。——译者注

何疑似想要对"新罗马帝国"发起攻击者,我们蔑称一些为"流氓国家"(Etats voyous/rogue states),另一些为"野蛮国家"(Etats barbares)?

与那些热衷对世界的"新失序"(nouveau désordre)或"混乱"(chaos)——这种形容是懒惰的另一种表现——不断粉饰的人们相反,我相信我们能够看清并描述当今国际体系,前提是要将其置于历史进程之中而不是将其固化,描述历史的断裂而非否认它们,理解世界的真正问题而不是满足于一些假象。变化、断裂、问题是启发本书分析的母体,主要假设源自一个惊人的反差:昔日的列强在国际舞台上独处的时间太久,以至于今天并不真正懂得该如何面对全球化。它们还眷恋着两个世纪前终结了拿破仑帝国的 1815 年维也纳和会,还半醉半醒地梦想着能以著名的"特殊责任"(responsabilité particulière)的名义独自管理世界。本书说明,这个想法没有任何意义,即使有,也非常危险。本书试图反驳电台广播与外交部门中的主流分析,为一种更加公正、更加有效的对外政策开辟新路径,借用美丽的巴姆巴拉(bambara)＊谚语来表达我的意思:"没人能给一位缺席者剃头。"

注　释

1. H. Bull,*The Anarchical Society*,Palgrave,Basingstoke,1977.

＊ 马里的一种土著语言。——译者注

第一章

旧秩序：从"势力均衡"
到寡头俱乐部

　　首先，如果不能理解当今国际体系由何处承袭而来，不能够提纲挈领地描绘出国际关系如何在整个现代性进程中形成，我们就无法理解 21 世纪初国际体系令人迷惑的演变及其苦楚。

　　一切肇始于两股出现于文艺复兴时代、由欧洲扩展至全世界的新动力。首先，在人类历史上，国际秩序第一次以一种集体（collective）的方式被思考。直到中世纪末，在欧洲以及世界其他地方，不仅有帝国式建构与传统君主国并存，还有自国际体系产生之时起就不需要关心建构问题的城邦国家，这些政治单元都共存共处着。当时与他者共存的问题从没有真正被思考过，或至多只是在城邦或王国内部提出这一问题。比邻关系、敌对关系或竞争关系当然也存在，但是从政治或法律角度来看只是暗藏在阴影之中。

　　然而，具体来说，通过两份具有全新性质的法律文件，即 1648 年终结了三十年战争并建立了所谓"威斯特伐利亚和平"（paix de Westphalie）的《明斯特和约》与《奥斯纳布吕克和约》（traités de Münster et d'Osnabrück），几乎所有的欧洲国家集体谈判，共同缔造了一种当时还没有正式名称，但已经类似于一种原始国际体系的秩序。当然，不能犯时空混乱的错误，预先假定建立秩序就是当时的欧洲国家明确追求的目标。但这并不妨碍说，三十年战争的结局就是定义了旧大陆未来所有外交原则的基础：努力设想并建构一个可以生存的空间，用领土性国家之间的主权并立取代帝国秩序与普世性的基督教秩序；赫尔维蒂联邦（Confédération helvétique）

4

与联省共和国（les Provinces-Unies）的独立获得了认可，* 而哈布斯堡帝国本身也变成了 350 多个主权国家的联合体，它们几乎不受任何限制地行使其新赋的主权权利。

这一新动力的意义远远超出了单纯为实现欧洲共存而开展的协商式建构。这不仅意味着集体地建立一种秩序，而且还明确运用了一些新的原则来建构秩序，并界定了一系列法律概念，使之成为正在形成的国际体系的基石，确保体系长久存续，并让体系中的行为体遵从一套前所未有的新规范。威斯特伐利亚和平成为历史上第一个正式的、多边谈判的结果，显示出与过去的截然断裂，也预示了未来发展的方向。

当时出现的新规范包含哪些内容呢？首先，主权原则（souveraineté），规定任何一个国家都不能被另一个"比自己更大、更小抑或相同"的国家所强迫[1]，正如让·博丹（Jean Bodin）当时已作出的理论概括。其次，领土性原则（territorialité），其最重要的衍生品就是"边境"（frontière）的概念和现实得到了清晰、单一的定义，而且还出现了一种观念，认为政治只能存在于领土性管辖职能中，因为它勾勒出政治的现实存在。最后，正式的"国际谈判"（négociation internationale）原则开始得以确立。顺道提及一个有趣的现象，国际谈判的艺术、技巧和法律已经开始发展起来，而国家本身还没有完成建构：后者要等到 19 世纪呢！

这些创新对未来的发展产生了重要影响，也部分地解释了威斯特伐利亚和平的欧洲后裔们的傲慢。对他们来说，理由是显而易见的：是欧洲人发明了这个原以为能够经久不衰的国际秩序，他们甚至是国际秩序这一概念本身的发明者。通过接下来几个世纪欧洲对世界的主宰，特别是通过 19 世纪的殖民主义，源自威斯特伐利亚体系的概念已遍及整个世界。后来的任务总的来说是比较轻松的，因为最初的、非欧洲的合作伙伴们事实上……也是欧洲人：美国作为一个国家在形成过程中从旧大陆的哲学和法律中获得了启发，而拉丁美洲的民族国家则依靠欧洲著名法学家的支持从而实现了独立。至于非洲和亚洲的抵抗者，面对 19 世纪末的欧洲入侵，他们渐渐地屈服或被边缘化了。在这样或那样的情况下，亚非国家基本上都是被迫地，而且经常通过暴力方式被整合进了国际体系，而

---

* 即瑞士联邦与荷兰。——译者注

这恰好确证了从威斯特伐利亚经历中所产生的秩序的持久性。

只不过要指出,殖民主义是一个重大的悖论,因为在这里,威斯特伐利亚的国家体系与欧洲各国依然鲜活的帝国记忆交汇在一起,帝国记忆不断搅扰着他们,并通过其海外扩张被重新激活。对欧洲行为体而言,帝国记忆始终是十分切近的,尽管我们明知威斯特伐利亚体系要求把这种形式的政治体系推向灭亡或边缘化,当时帝国体系的载体是日耳曼神圣罗马帝国及其数目众多而碎裂的领土单元,还附带着对自主权的否认。然而,"帝国的诱惑"(tentation de l'empire)总是挥之不去,它或以传统的大陆形式呈现,比如法国发起的数次扩张,包括拿破仑的尝试,或表现为构建殖民帝国的外向型版本,法国、英国、葡萄牙和西班牙都曾是代表者。如果说帝国记忆从未真正离开欧洲舞台,那是因为在威斯特伐利亚精神的背后始终存在着一个当时未能立即理解,今天甚至有时倾向于完全忽视的难题(aporie)。

主权、竞争与权力

这一难题的根源在于主权原则本身的矛盾和不协调之处:国际秩序是相互竞争的主权国家之间的并立关系。这种竞争已然显示出正在诞生的法律思想的矛盾性。一方面,我们致力于塑造一套能够使正在建构的国家间秩序变得文明化的国际规范;另一方面,主权的功能却在于承认每个国家的绝对自由,仅服从于国家自愿接受的更高权威制定的规则。因此,战争的常态性、必要性与绝对性观念得到了普遍扩散,成为西方列强难以超脱的一种古老观念。同样地,由此产生了对国际法由来已久的不信任,以及直到今天,特别是在美国仍然顽存的重重疑虑。认为竞争几乎可以不受任何规则的约束,这同时说明了新的国际秩序的真正原则仍然是权力,就是指自由地强迫他者服从,特别是强迫邻国服从的能力,无论采取何种手段。权力必将成为新的国际秩序的重大组织性力量,我们始终相信这一点。这一点被证明是错误的,但是要等到很久之后。

无论如何,当我们让权力成为国家间敌对关系的自然仲裁者时,我们就不可避免地走向西方世界中总是交替出现的两类情形。要么,一个国家展示出强于其他所有国家的权力,那么我们就会重建帝国传统,如同路易十四在他所身处的时代、拿破仑一世和英国在 19 世纪所试图做的那样。要么,主要强国势力大致相当:那么帝国已没有可能,而是出现一种寡头政治,由一个强国俱乐部来主导世界。

帝国霸权和寡头政治两种形式的交替转换(oscillation)以一种相当稳定的方式贯穿着欧洲迄今为止的全部历史。当我们处于帝国逻辑中时,准臣服关系居于主导地位,所有行为体都要接受霸权的领导。相对而言,在寡头情形下,为了使寡头共治能够被接受并可持续,这一主导关系需要持续地处于协商之中。由此产生了"势力均衡"(équilibre de puissance)的概念,一个自 19 世纪初以来深刻烙印在国际关系史上的重要范畴。追求均势的目的在于使主要列强处于平等地位上,以至于其中任何一个强国都不会试图进行建立帝国的冒险。

构想这一新理念的大师是德意志首相俾斯麦:一俟法国 1871 年被统一的德国击败,他关心的全部问题就在于如何在欧洲内部找到平衡,以阻止莱茵河对岸的敌手采取报复并再次主导大陆。为此,一套复杂的联盟体系被建立起来,比如著名的"三皇同盟"(alliance des trois empereurs),从 1872 年起开始把柏林与维也纳、莫斯科联合起来,后来又演变为"三国同盟"(Triplice),1882 年把维也纳、柏林和罗马联系在一起,加上更为复杂的《再保险条约》(Traité de〈réassurance〉),自 1887 年起套牢了俾斯麦唯恐疏离的俄国:就这样开启了现实主义的联盟大冒险;这种结盟关系至今仍部分地延续着,而且深深地影响着我们的现代国际关系! 事实上,俾斯麦痴迷的不是要主导欧洲的念头,他执着追求的是确保所有的主要伙伴都拥有某种"最低限度的必要权力"(minimum vital de puissance),以至于没有人会质疑这一整体上的寡头均衡。于是,举例来说,俾斯麦利用 1878 年第一次巴尔干战争以及在《圣斯特法诺条约》(Traité de Sans Stefano)签订后召开的柏林会议终结了这一条约,努力向明显大获优胜的俄国的对手们提供一些安慰性奖赏来加以安抚,比如向沮丧的英国提供一些赠予,因为英国也许一气之下把塞浦路斯纳入自己的占有地系列中。

当时哪些国家是这"最低限度的必要权力"的受益者呢? 从 1815 年起,候选国似乎就是不言自明的:战胜了拿破仑的四个国家——奥地利、普鲁士、英国与俄罗斯——组成了"欧洲协调"(concert européen),法国虽然战败,但自 1818 年亚琛和会(Congrès d'Aix-la-Chapelle)之后也很快重返这一行列。这五个国家担负起了欧洲的领导权,欧洲的大国协调也时好时坏地至少运行到了第一次世界大战前夕。这一领导团队的结构不禁令人联想到一个更具当代性的现实,即八国集团(G8)的存在。八国集团的基因与当时的大国协调是相同的:所有的要素均已具备,与之相伴的还有这样的理念——世界的命运取决于一个由少数强国组成的贵族集团,它们强大到足以共同管理国际生活,但若要单独治理却根基不牢。这一配比组合一直延续下来,连同其各种危险的弊端。

当然,为了使寡头治理的解决方案成为一种相对的共识,必须确保没有任何一个强国感到自己能够凭一己之力单独"胜出"(remporter la mise)。这样我们就能够理解,为什么美国对"国家协调"(concert des nations)的做法总是表现出强烈的抵触,包括七国集团(G7)、八国集团(G8)和二十国集团(G20)在内的各种形式的国家间协调从未能够激起美国人的热情,而且只是在美国实力相对衰弱的时候才被接受。同理,19 世纪的英国也是五国协调中最缺乏热情的那一个,因为它相信凭借对海洋的控制,英国可以独自确立"不列颠治下的和平"(Pax Britannica),而欧洲俱乐部只会碍手碍脚。尽管如此,大国"协调"的逻辑勉勉强强地维持了将近一个世纪。

寡头治理的优势与弱点

"协调"体系从一开始就明显地带有与生俱来、且从未被抹去的两大污点,这也是体系的两个重要缺陷,反映了其根深蒂固的保守主义。第一个缺陷在于排斥,甚至无视社会的存在。在纯粹的强权逻辑以及列强之间势力均衡的逻辑中,社会、社会关系与社会利益的多元性及密度,都(或几乎)没有影响。社会不仅无法以任何方式被整合进寡头治理机制中,而且"联合君主们"(co-princes)维持欧洲秩序的努力本身就旨在遏制或打压社会力量的涌现。这段历史随着 1820 年震荡了欧洲大陆的后拿破仑革命浪潮而开始:西班牙爆发了支持加的斯(Cadix)起义的自由宪政革命(1820年1月),还有那不勒斯和西西里的反叛(1820年7月)。所有这些,还有诸多同类性质的事件,促使梅特涅或路易十八强调人民不应掺和这些首要地关系到王朝合法性的事务。

第二个缺陷与寡头治理的性质本身有关:从寡头治理的定义上看,必然创设出被排斥者。用现代语言来表达,可以说寡头集团之外形成了一批类似"无产阶级"(prolétariat)的国家和民族,它们与寡头俱乐部成员之间的游戏互动构成各种复杂而动荡的局势。19世纪末的巴尔干问题就是很有代表性的例子,自欧洲协调打算着手解决这一地区问题时,它不断增加着欧洲协调任务的复杂性。两大强国奥匈帝国与俄罗斯在这一地区有利益关切。但是,还有另一个强国为巴尔干诸国提供保护,即奥斯曼帝国,它虽然在巴尔干事务上有直接利害关系,但却几乎完全被排斥在欧洲协调之外:它极其受轻视,不被赋予国际治理中的任何角色,虽然从道理上说这样的国际治理需要她发挥作用。至于那些在巴尔干半岛逐渐成形的小国,它们越是难以被整合进寡头逻辑中,就越是变得动荡不安:我们还记得塞尔维亚吧,它于1876年7月第一次点爆了火药桶,决定独自对土耳其宣战,1912年10月它联合保加利亚和黑山重燃战火,之后1913年6月又一次走向了战争行动……所有这一切推动各方走向了第一次世界大战。西方列强的眼睛只知道盯着实力的计量表,其实从来不懂得该如何与"小国"(les petits)打交道:这使它们付出了高昂的代价,今天依然如此。

另外,也有两个重要因素构成了寡头政治的优势。第一个优势在于形成了一种平等与亲近感,把俱乐部的内部成员紧密联系在一起,认为它们之间彼此相似,拥有共同的历史、共同的传统,以及很大程度上共同的利益,通常是保守主义的传统和利益。这一平等与亲近感建立在三种形式的相互承认(reconnaissance)之上,后面我们还会看到,这些混杂的承认是当代很多模糊性与歧义性的根源。第一种形式,法律承认,只是承认他者有权拥有主权。与此同时,政治承认,承认的是所谓被接纳者应能够共同管理世界,言下之意显然是说其他国家不能参与管理世界:这就是未来许多紧张冲突的根源。

最后,第三种承认反映了一种道德认同,承认他者符合我们共享且视为根本的价值观。这第三种承认超出了权力政治(realpolitik)的范畴,权力政治仅限于前两种承认：从此以后，重要的在于对他者的道德判断。然而，自从我们接受了的寡头原则与协同治理原则的那一刻开始，这种道德判断除了正向的还能有其他可能吗？我们能够作为俱乐部成员去宣称别人是不道德的吗？于是，"共谋外交"(diplomatie de connivence)就此产生，迫使西方国家对它们的合作伙伴表现出极大的宽容，无论是中国、俄罗斯，还是乔治·W.布什治下的美国。这里出现了一个本质性的问题：道德认同逻辑在19世纪正统主义和保守主义的氛围下几乎是理所当然的，实施起来也没有多少困难；但是这一逻辑在20世纪却成为一个爆炸性的问题，特别是随着极权主义政权的出现以及它们后来的变体……在去殖民化进程之后，西方国家面对那些按照与大国协调时代大相径庭的价值观与伦理标准建构的政治体系，它们的自我界定遭遇了更多的困难，也需要更多的犬儒主义。

尽管有一种纽带凝聚着俱乐部的成员们，但它们的治理合法性仍然需要获得他者的认可，而大部分他者处于俱乐部之外。这就提出了政治分析中一个古典，但始终重要的问题：人们如何以及为什么接受被统治呢？这种"自愿的臣服"(servitude volontaire)原因何在？为什么19世纪的丹麦王国或西班牙王国愿意遵从一个将自己排斥在外的俱乐部制定的治理规则呢？如何解释那些国家间不平等的等次划分的受害者，却自愿接受国家间的不平等呢？这些不确定性在19世纪不断上升，在随后的一个世纪里达到顶峰。第二次世界大战结束后，雅尔塔会议和波茨坦会议究竟建立在什么样的合法性基础上，如果不是以这样一种观点为前提：没有参加会议的国家本来也不应该参会，只是应该理所当然地接受会上所作的决定吗？基于同样的合法性逻辑，我们赋予了"五常"(P5)——即联合国安理会中拥有否决权的五个常任理事国——存在的效力。当然，冷战的影响使这一等级制文化更加见怪不怪。由核威慑产生的恐惧与由社会主义和自由主义意识形态对抗产生的整体性立场导致的后果是，凡是不具备"大国"地位的国家有必要请它们的"大哥"代替自己作决定：它们甚至主动寻求保护者。

今天，国际生活中的这种等级制原则陷入糟糕的境况，到处受到抨击，因为，准确地说，无论是意识形态划界还是核威慑都无力支持等级制原则的合理性。而且，随着等级制原则不断被侵蚀，威斯特伐利亚秩序的一项基本要素也遭到质疑。我们会看到，这一趋势完美地勾画出《不扩散核武器条约》(Traité de non-prolifération，TNP)经历运势的高低起落，这项条约从 1968 年起禁止不属于核俱乐部的成员试图获取这一军事力量：在当时的氛围下，很少有什么抵触，但一旦超脱了两极格局，疑虑抵触情绪就自然而然地释放了出来。

国际法的虚弱与过度军事化

威斯特伐利亚时刻不仅奠定了国际体系的基础，也产生了其他的后果。第一个后果，我们已经开始讨论了，在于产生了一个重大矛盾：我们把主权奉为神话——这样一来，把国际法的重要性降到了最低(a minima)——但我们又同时追求建构一种国际秩序，要求国际制度都应该是行之有效的。如果说威斯特伐利亚体系并没有真正建立起一个名副其实的国际法律秩序，它还是成功地创造出一些逐渐为各种行为体所接受的规范。由此产生了去殖民化进程中的紧张压力与漫不经心，当时我们不得不向新独立的国家解释道，欧洲已经建立好了一整套规则和做法，它们除了毫无怨言地接受之外没有其他选择。我们没有允许新来者，尽管就数量而言它们是多数，参与重新制定或调整一项强加给它们的法权。它们进入了一个不属于自己的国际体系。

威斯特伐利亚时刻的第二个后果是国际秩序的"过度军事化"(sur-militarisation)。国际游戏从一开始就是主权主义、竞争性并且以实力为基础的。如果把这三个因素结合起来，战争就会不可避免地成为国际生活中的铁律。这导致了在数个世纪中，没有人真正关心该如何定义和平，因为和平自威斯特伐利亚时刻以来看似不过是一种"残余物"(résiduelle)，可以被简单地理解为"非战争"(non-guerre)。此后，战争不仅占据了国际体系的中心位置，而且还符合逻辑地催生了国家的军事化。这就是美国著名政治学家查尔斯·蒂利描述的"制造战争"(war making)与"建构国家"(state making)的共生效应，两者渐渐地勾勒出现代国家的轮廓。[2]税收、财务法律、宪法、行政法以及大型公共机构的出现在很大程度上要归功于战争。也部分地由于这个原因,帝国记忆在威斯特伐利亚之后从未真正湮灭:这些现代国家首先是军事国家,就这一点来说会不断向古老的帝国模式靠拢,而帝国在本质上也是需要战争的。

国家的军事化产生了几个方面的后果。首先,在很长时期里,战争使欧洲君主们享有对其臣民的生杀大权。后来,随着军事工具与社会力量的交汇,特别是自法国大革命以来,征兵成为公民身份的特殊基础,因此,公民身份自此以后建立在一种军事性,甚至战争性的国家与祖国观念之上。然而,在以全球化迅猛发展为特征的过去二三十年间,当我们已经深刻地改变了世界,尽管我们自己也未真正意识到这一点,却并没有人询问国家的军事化是否仍然能够适应国际游戏中新的社会力量的勃兴。无论是在社会经济融合日益深化的北方世界,还是在属于另一段历史和另一种起源的南方世界。在本书后面的章节,我们还会再讨论这个问题:这里出现了一种悲剧性的脱节,无论军事力量在西方的记忆中有多么切近,它都不再是能够平息,甚至只是简单遏制那些使南方世界血流不止的新冲突的有效手段了。

当我们说西方自文艺复兴以来在传统上就没有真正思考过和平,大家当然可以举出一些思想家的努力来反驳,比如康德(Kant)。然而,德国哲学家对和平的解读是以首先意识到战争问题为基础的,战争被视为历史的给定现象;康德笔下的和平主要来自某种人类学意义上的战争首要性,而不是一种自然地、自发地导向和谐的秩序的定义。这一点在卢梭(Rousseau)或霍布斯(Hobbes)那里也非常明确,他们都认为,一旦进入社会游戏,战争就会成为人类关系的本质内容。我们并不能在所有的历史和文化中都找到这样的假设,而且都以这种形式表达。事实上,建立在与自己高度相似的同类的对立斗争之上的政治体制在历史上是极为罕见的:比如,中国的历史经验就反映出不同的建构方式,各式各样的非洲帝国或拉丁美洲国家也是如此。

时至今日,自由派仍在颂扬"竞争"(compétition)的概念,不仅在经济领域,它还被视为一个使人性趋于完善的要素。人类行动的高贵性只能在竞争以及相对于他人的自我肯定中建构出来:连马克思主义也无法超脱这一观念。直到19世纪末才出现了对这一思想范畴的更偏重社会学而非哲学的反思:对于迪尔凯姆,旧译(涂尔干)来说,社会的本质不在于冲突，而在于社会融合（intégration）与社会团结（solidarité）。这也许将成为另一种历史的开始。

"国际体系无产者"的出现

国际体系的被排斥者可以被称为"无产阶级国家和民族"（prolétariat des Etats et des nations）：这是一个日常化的表述，但常常会导致过度简化。早在法西斯主义形成之前，意大利的民族主义者，包括墨索里尼式社会主义，曾把意大利称为一个"无产阶级国家"（nation prolétaire）以抗议意大利被排斥在大国协调之外，并为自己要求参加欧洲治理和殖民掠夺的正当性申辩。意大利的诉求最终在 1915 年协约中得到了回应，这是一份秘密协定，意大利和英法俄三个协约国代表约定对中部帝国参战以换取领土补偿。而正是由于这一协约的承诺未被遵守使意大利的民族主义者大失所望，滋生了怨恨情绪，最终导致了法西斯主义的政治成功。

这个例子提出了一个根本性的问题，即抗议性行为体（acteurs contestataires）的出现，它们反对国际体系并为反抗而采取策略：这是 20 世纪末与新千年转折点上出现的重大问题。于是，我们自 1947 年起从一种"纯粹"的、简化的势力均衡局面发展到冷战期间界限分明的两大阵营，再过渡到今天的格局，给抗议留出了自由空间。如果你不是俱乐部成员，你可以接受附属地位以获取某种实利，也可以对俱乐部发起抗议。有趣的是，这种抗议在 19 世纪并未出现或者极少出现，就是说，当时的"他们"（中国、日本、奥斯曼帝国）还不具备开展抗议外交（diplomatie de contestation）的能力。日本在天皇的主动倡议下坚决地采取了模仿和输入西方模式的策略。中国面对欧洲列强的主导意志感到无力反抗，而"欧洲病夫"（homme malade de l'Europe）奥斯曼帝国受到了极大的削弱因而也只能努力模仿西方。

然而，第一次世界大战惨重的流血牺牲带来了欧洲列强最初的实力衰落与威望下降的迹象，而新的行为体也纷纷陷入战后深渊。在这一历史转折时刻，出现了最初的、转瞬即逝的非西方的地区联合愿望。比如，中国民族主义领袖孙中山曾推动建立一个"泛亚阵线"（front panasiatique），这一取向后来很大程度上被日本承袭,1926年日本在长崎召开了第一次泛亚大会,后来还有数次类似的会议,尤其是东京的会议,以及德里的会议等。自第一次世界大战前开始,日本帝国在1905年俄日战争中取得的胜利对亚洲青年知识分子的想象产生了深远的影响。在西方世界,我们很快抚平了这场史无前例的白人军事溃败带来的创伤,将其归咎于一个气数已尽、苟延残喘的制度,也就是行将灭亡的沙皇帝国。但日本的胜利意外地孕育了一种泛亚主义的萌芽,这是在日本走入扩张性极端民族主义之前,后者使亚洲大陆上众多旧日盟友与仰慕者变成了日本的敌人。由此,另一段历史进程开始了,直至今天,这段历史的结局依然充满了不确定性:这会是另一个世界的雏形吗?还是一个变革后的旧世界?抑或是一个并立于旧世界的新世界?

今天,我们已经几乎忘记了这曾有过的泛亚时刻;但它却是值得研究的,特别是考虑到后来反对西方霸权的抗议浪潮。孙中山本应满足于穿上民族—国家建构的西式成衣(prêt-à-porter)。这其实也是被后来的(a posteriori)历史所记住的东西,因为我们总是称国民党为一个受西方影响的民族主义政党,将孙中山称为第一位以民族—国家模式建构中华民族的设计师。我们完全忽视了这段泛亚主义理想的历史,以及当时中国和日本之间十分紧密的政治—智识互动。我们经常忘记,日本在当时的年轻中国人眼中,是首个打败欧洲强国的亚洲国家,而当周恩来1917年夏天离开中国时,正是筹划东渡去日本留学。

基于同样的想法,1926年开罗举行了首次泛伊斯兰主义(panislamique)大会,请注意,不是泛伊斯兰教(panislamiste)大会,这场会议只是汇聚了所有希望在一个已经自视为后西方(post-western)的世界里寻求未来的穆斯林。这场首秀是由伊斯兰爱资哈尔大学的乌里玛(oulémas)组织实施的;大会决定今后定期召开会议,研究地区与国际局势。于是,几个月之后,第二次大会在麦加举行,另一场大会1931年在耶路撒冷召开。会议的背景不是中性的:凯末尔主义的土耳其刚刚取消了哈里发制度,由此产生的真空如何填补,正如国家未来如何重建的问题,占据了所有工作的主体,为一项持久的工程开辟了道路,今天的"达伊沙"(Daech,又译"伊斯兰国")仍在利用这项工程……事实上,这些会议的参会者也在不无迷茫地寻找一种秩序,这种秩序不仅是西方国家模式被推广和普遍化的结果,而且还会带来一些非常不同的东西。这是一种真正追求自我的人性表达，不愿沿着西方画好的轨道行进……与此同时，出现了一个新的国际体系的萌芽，虽然建立起来非常困难，但 1955 年亚非万隆会议的原则已经展现出了这一体系的主要纲领，万隆会议是一个关键时刻，我们之后会再讨论。

在同一时期还召开了一系列早期的"被压迫人民大会"（assemblées des peuples opprimés），比如 1927 年召开的布鲁塞尔反帝国主义大会，它得到了国民党的支持，印度的尼赫鲁（Nehru）、阿尔及利亚的梅萨利·哈吉（Messali Hadj）、秘鲁的哈亚·德拉托雷（Haya de La Torre）以及孙中山的遗孀等知名人士出席了大会。因此，在万隆会议召开将近 30 年前，这场会议就尝试建立一个"被排斥者工会"（syndicat des exclus）。传递给欧洲人和西方人的信息是明确的："世界上不是只有你们，我们也存在着。"只不过这些倡议当时还是相当势单力薄的。在 20 世纪二三十年代，欧洲有谁会关注到第一届泛伊斯兰主义大会呢？谁会认真对待孙中山的泛亚主义呢？谁又会注意到同时兴起的泛非主义，以及第一代非洲民族主义领导者（恩克鲁玛、尼雷尔、卢蒙巴以及其他人）的意识形态呢，他们的思想从第二次世界大战前夕开始就推动了一系列国际交流与国际会议，而且范围不局限于黑大陆的激进主义者内部，还有与安地列斯或美国非裔知识分子之间的交流，比如杜波伊斯（W.E.B. Du Bois）。

这些最初的动力在一个仍被权力政治主宰的世界上几乎没有产生丝毫影响。我们从中只看到了一些风行一时的修辞与充满激情的话语，却没有重大的政治后果。如果当时我们能够严肃思考那些尚且含混不明的憧憬，历史会如何演变呢？另外，今天的我们敢说能够理解这些理想吗？一个例子即可说明问题：1926 年首届泛伊斯兰主义大会在开罗召开仅仅两年之后，就诞生了后来举世闻名的穆斯林兄弟会（Frères musulmans）运动……而当时根本没有人真正意识到这一运动意味着什么。

苏维埃例外及其后续影响

所有对国际体系的抗议，所有我们今天以一种混乱无序的节奏经历着的抗议,早在那些年代就已经处于萌芽状态了。但只有经由苏维埃权力疏导的抗议留下了一种印象,似乎它们也是可以通过传统的权力工具来管制的。

出于这一原因,苏联的特例值得我们感兴趣去探究。与中国、伊斯兰世界和非洲世界相比,俄罗斯具有出身于大国协调的独特之处。大战之后,年轻的苏维埃政权,也是沙皇帝国事实上的继承者,曾长期在抗议"俱乐部"与加入"俱乐部"的欲望之间犹豫不决。在布尔什维克革命动员的烈焰中,抗议的冲动显然占了上风,而且西方国家也没有给它留下选择的余地。当巴库大会(Congrès de Bakou)召开时,那是在 1920 年 9 月,"东方人民"(peuples d'Orient)代表齐聚一堂,莫斯科成为所有遭受殖民列强压迫的人民的领导者。布尔什维克主义者们不仅同殖民地国家或被占领国家的工人政党结成同盟,还向各国的民族资产阶级发出了号召。解放被威斯特伐利亚体系排斥的人民有时看起来甚至比世界无产阶级革命还要重要。不能忘记的是 1926 年,苏维埃当局邀请莫逖拉尔·尼赫鲁和贾瓦哈拉尔·尼赫鲁(Motilal et Jawaharlal Nehru)父子访问莫斯科。因此,对于后来成为获得独立的印度的总理尼赫鲁来说,始终有某种因素巩固着印度与其苏联伙伴之间持久而深刻的盟友关系。

必须承认,是西方国家不遗余力地把苏联推入了"抗议者"阵营,先是拒绝承认苏维埃政权,在其周边建立起福煦元帅(Maréchal Foch)所称的"防疫区"(cordon sanitaire),继而一再推迟让苏联加入国际联盟(1934 年9 月 18 日)。因此,"抗议的选择"(choix de constestation)不仅是布尔什维克主义者破坏性冲动的后果,而且很可能是他们在当时的处境下面临的唯一现实的选择:就这样,苏联的先例引发了后来者不断的效仿,我们在以后会看到。

但是,这一抗议选择最终还是会遇到其局限性:苏联最终进入了"俱乐部",主要归功于斯大林的推动。转变不仅体现在苏联加入了国联,而且还体现在苏联志愿同民主国家结盟共同对抗法西斯主义与纳粹主义。而且,《苏德条约》使苏联参与国际游戏变得正常化了,新的沙皇希望按照其昔日的形象行事:具有灵活性,而且能够不受约束地发挥竞争力……由于尝试与西方结盟失败而心存不满,斯大林宁愿将苏联封闭在其欧亚身份认同中;他甚至愿意按照最极端的"权力政治"(real politik)教义与纳粹德国结盟,后者也继承了 19 世纪欧洲协调的重要组成部分:这远非一种断裂与转折,而是多么强韧的历史延续性……当最终,斯大林通过转变结盟阵营而成为第二次世界大战的战胜者时,他召集了一系列由自己作为主导者的会议——在莫斯科、德黑兰、雅尔塔和波茨坦——这些会议的主导思想始终是要积极构建一个苏联能够宣称作为核心成员的俱乐部。

请注意,这与今天弗拉基米尔·普京(Vladimir Putin)的做法有着惊人的相似。俄罗斯总统 2015 年 9 月在联合国大会的讲话中还不忘提及第二次世界大战时期与西方世界的盟友关系(当然,略去了第一阶段的冲突关系)。他以这种方式展示出与西方大国共同治理世界的意愿,并暗示如果没有俄罗斯的紧密合作,就不可能有国际稳定。乌克兰与叙利亚为克里姆林宫开展训诫提供了两个重要机会,说明全球治理不可能实现,除非让俄罗斯全面回归它如今被排斥在外的俱乐部中。

乌克兰与叙利亚的行动没有妨碍普京同时开拓新领域,这要感谢上海合作组织(OCS)。既然中苏分裂的灾难性影响已经不再是多么痛苦的回忆了,后冷战时代的俄罗斯同中国共同建立了上海合作组织这一新机构,而且通过金砖机制(巴西、俄罗斯、印度、中国、南非)不断地巩固和扩展。我们会在后面的章节中看到,上合组织与金砖机制是抗议外交真正的"培育基地"(bouillon de culture):那里有非欧洲(extra-européen)、非西方(extra-occidental)的所有新兴国家,它们决意与七国集团(G7)分道扬镳,也不接受现有管理国际秩序的日常实践。没有什么能够更好地解释俄罗斯在克里米亚事件后被逐出八国集团(G8)的悖论,这反映出西方大国是多么地难以理解"流放"之后的效应意味着什么,如同 1989 年"流放"莫斯科那样……寡头治理有其风险:必要的时候共享治理,但自以为能力充足的时候就排斥他人! 在今天这样一个不再是两极格局的世界里,这是一种艰难的平衡,也是一个几乎不可能的平衡。

注　释

1. J. Bodin(1576),*Les Six Livres de la République*,Fayard,Paris,1986.

2. C. Tilly,〈War making and state making as organized crime〉,in P. Evans,D. Rueschmeyer et T. Skocpol(dir.),*Bringing the State Back In*,Cambridge University Press,Cambridge,1985.

第二章
两极、单极与多极

当我们谈到冷战时,会非常经常地使用"两极"(bipolarité)这一术语,但没有任何严谨性可言,包括对其所包含的"极"(polarité)的概念本身也缺少定义。如果面对这样一个实际比看起来要复杂得多的主题,想要恰当理解、准确区分,就要学会区分"权力的极性"(polarité de puissance)与"联盟的极性"(polarité de regroupement),这是我们经常混淆的两个重大现实。[1]第一个极性描述的是自认为拥有大国地位的国家之间的竞争,就是指既拥有客观上能够支撑参与大国竞争的资源,同时也如此地被其他国家所感知:如果其他国家不承认你拥有这种能力,那么客观上的强大又有何用呢?

因此,考察权力的极性实质在于确定我们面对的是一个"霸权"(hégemonique)体系还是"寡头"(oligarchique)体系。霸权体系在历史上仅有极少的实例。可以说"不列颠治下的和平"(Pax Britannica)是一个,它始于1815年,直到德国崛起而终结。冷战期间的美国霸权当然也属于这一类型,但是美国霸权基本上与莫斯科分享,形成了一种美利坚—苏维埃"共治"(condominium)格局。我们的确经历了一个非常短暂的美国单极霸权时刻,就在柏林墙倒塌后,但这一单极霸权很快消逝了。换言之,清晰的、绝对的霸权时刻在现实中非常罕见。寡头治理才是规律,描述的是多元化的权力主体并存,而且彼此间或多或少地开展着自由竞争的情况。

"联盟的极性"指的则是大国结束离散状态而向"阵营"(campist)格局演变的时期,阵营建立在一定数目的国家围绕一个领导者结成的联盟之上。阵营在数量上可以有多种变化,尽管国际游戏总是会推动阵营数目向二元性发展，这符合敌人—朋友的经典二分法。

同样，应该把"极性"（polarité）与"极化"（polarisation）区分开来。极性仅描述大国之间的并立（juxtaposition），但并不形容它们之间的关系。极化则假设潜在或现实的"对抗"（confrontation）关系。于是我们可以设想一系列不同的情形：我们可以看到分散状态下的大国彼此竞争但不一定形成正面冲突，也可以看到大国竞争最终导致对抗的情况，还有这种对抗以有序组织的阵营方式呈现的情况；最后我们还可以想象一些情况，在极为罕见的现实中，一个霸权国家主导体系内的其他所有国家。

我们所经历的 1947 年到 1989 年的两极格局不仅是分极的，而且是极化的，表现在两极之间的对抗关系。同时，在对抗关系之外还有联盟逻辑：不仅有两个相互敌对的大国，而且还有一定数量的国家，小国或较大的国家，在敌对的两个大国周围结成阵营。最终，每个阵营都由一个"超级大国"（superpuissance）主导，按照我们当时的称呼，超级大国既充满对"他我"（alter ego）、其同行竞争者（peer competitor）的敌对意志，又怀有一种平分天下、两强共治的心照不宣的意愿。

要注意的是，两极格局是一种完全史无前例的权力构型，而且这样的两极格局在国际关系史上仅存在过一次。这并没有阻止至少两代人的政治行为体相信，两极格局注定持续下去，以至于两极格局能够被混淆并等同于国际体系本身。此外，两极格局还衍生出一套词汇，一系列技术、制度，以及政治、外交、军事实践，我们今天仍直接承袭着这一切，只是经常没有意识到这一点。

核现实与意识形态对抗

为什么"两极时刻"（moment bipolaire）虽然事实上如此短暂，但却如此深刻地烙印在我们的意识与世界观中呢？事后（a posteriori）为本质上其实是历史偶然性的现象找到理论解释总是容易的，那些现象如同宇宙中的星球排成一条直线一样仅为特例。两极格局的特例基于三种因素的汇合。第一个因素是核武器的现实存在及其无可比拟的独特性。在广岛和长崎之后,人们意识到存在一种历史上从未有过的全新武器,使用这一武器并不必然确保战胜,但却能够把对手彻底毁灭。只要有一个大国垄断了这种武器,那么它就享有绝对的、可怕的优势,因为它能够消灭所有人而自己不必化为灰烬。但是,一旦对手也拥有了同样的武器,我们就进入了一种独特的逻辑,所谓"相互摧毁的能力"(capacité de destruction mutuelle)。

因此,胜利或失败都不再是问题了,因为只有两个交战方被消灭的可能性问题才是重要的。另外,随着两极核格局(自 1949 年起的美国—苏联两极)的出现,所有没有这种武器的国家只有将自己置于两个超级大国之一的保护之下才有机会生存。历史上第一次,保护成为国际游戏的绝对准则。也是历史上第一次,我们无法在保护逻辑之外想象自己在国际体系中的地位,而保护逻辑同时也意味着阵营逻辑,以及阵营中的领导者问题。

以前,强国与次强国之间的保护逻辑没有这样的绝对性,因为不存在被彻底摧毁的危险,即便是面临比自身强大很多的国家。联盟是相当灵活的,每个国家都能够以最小的代价维系其自主性。但从今以后,出现了国际关系中前所未有而且不可忽视的现象,再也不可能跨越两大超级对手之间的鸿沟了:在核武器时代,保护变得如此关乎生死,以至于疏离阵营太远被证明是非常冒险,也是非常危险的。戴高乐非常明白这一点,所以在 1962 年的导弹危机中,他毫不犹豫地选择与美国站在一起,对抗赫鲁晓夫的苏联。

另一个新的因素在于世界在两种意识形态中走向极化。同样地,这也是一个前所未有的现象:在此前的世界中,意识形态并不具有这种结构化的功能,这是第二次世界大战以后才获得的新属性。战胜了纳粹的两大胜利者实际上主张两种极度迥异的政治哲学,一种是中央集权化、国家主义与权威主义的马克思主义的社会主义,另一种则是宣扬个人主义、自由市场与民主价值的自由主义。历史上第一次,意识形态深入而系统地影响了国际游戏。民族与民族主义,此前一直作为国际游戏的结构化要素,如今几乎被两位弥赛亚主义 *(messianisme)者面对面的对抗所冲淡

---

* 又译:救世主主义。——译者注

了,每一位救世主都认为自己才代表了历史(Histoire)终结的预言。于是,刚才我们已经谈到的关于保护的考虑也不仅是单纯的实用主义:我们所选择站队的两大阵营中每一个都持有一种哲学层面的身份认同,深化着与对方阵营的差异;我们也不仅是为了自我保护而选择追随,而是出于情愿或被迫地向意识形态双元性的两极之一宣示效忠。

大家可以反驳说国际关系史上也曾有其他时期,意识形态发挥了非常重要的作用。当然可以说16、17世纪的宗教战争给国际政治留下了深深的烙印,但这是在一个有限的范围内,终究不过是影响了欧洲大陆的一小部分,而不是整个世界。而且,如果说意识形态当时曾是影响身份认同与结盟追随的部分要素,但它未能贯穿国际游戏的整体结构内涵。此外,我们很快发现新教徒与天主教徒加入各种拼凑起来的联盟中,难分彼此。在奥格斯堡大同盟战争(1688—1697)期间,是天主教国家与新教国家共同组成的同盟打败了路易十四。同样地,19世纪,正统主义与民族主义的分野也没有产生如此边界清晰而持久的结盟阵营。相比之下,在冷战期间,两种维度彼此强化:两大意识形态造成了国际体系的极端简化,而这一极端简化的国际体系,通过其简单片面性,又反过来滋长了意识形态压力。毫无疑问,如果不是以政治上、外交上和军事上组织起来的两大阵营激烈竞争为支撑,马克思主义与自由主义之间的对抗也不会如此强烈。

最后,在两大相互对抗的意识形态体系之外,两种社会经济与政治组织形式也真正地分庭抗礼,这也是一种前所未有的全新方式。这一对抗的力量格外非同寻常,因为每个体系都在对方阵营中安插了某种寄生物(excroissance)。这当然是指北约各国共产主义政党在其国内发挥的作用,这些国家的共产党通常受到社会融入程度仍然很低的工人阶级的支持,特别是在欧洲南部一些国家中。在法国和意大利,共产党曾赢得四分之一还多的选票,从而成为一支不可小觑的社会力量。在苏联这一边,也渐渐形成了一股分离势力,同样表现为体系内部的融合不足。双方的离心力量都将其理想型植于对面的模式中,欧洲的工人阶级,特别是南欧工人阶级觉得苏联是某种"天堂",而苏联阵营中的抗议性社会力量却越来越认同西方的自由主义和个人主义。

这一经济社会与政治模式的竞争动力为两大体系之间的竞争赋予了

意义,并且为双方阵营内部发展起来的政治社会斗争提供了一种重要性与合理性,其强烈程度和决定性作用绝不亚于军事竞争。因此,不必惊讶于"辉煌三十年"*(Trente Glorieuses)末期,西方工人阶级的逐渐融入与共产党的衰落削弱了苏联阵营,因为后者逐渐失去了其在西方的部分内部支持者,而同时,相反地,不满与离心力在东方不断增强。当二元性的僵硬刻板分别被各自阵营内部持续不断的社会变革进程所冲击,无论是意识形态、政治还是社会经济方面,两极就失去了生命力,两极体系也必然以崩溃告终。因此,西方不仅是通过军事竞争、甚至主要不是通过军事竞争压倒了东方。东方阵营国家经济社会体系的衰朽与合法性的丧失最终导致柏林墙的倒塌,带来了我们称为"后两极"(post-bipolaire)格局的模糊不清而令人迷惑的情形。

从二元对抗到二元政治

我们原以为两极格局建立在均势之上,即苏联熊与美国鹰之间实力上的势均力敌。事实上,两极的衰落反映了支撑这一格局的基础性要素极度脆弱,而且其基础绝不仅是使两大阵营非此即彼地占据优胜的实力逻辑。苏联阵营的衰落首先与其实力的下降没有关系,而是由于苏联社会模式的衰朽,以及与之相伴的,不再具有吸引西方阵营中异见者的能力。

除了指出这一点,我们还要理解,两极从来不是一个整全而固化的现象,而是在其短暂的历史中不停地经历着演变。在 1947 年至 1967 年间,两极格局的特征的确是激进而且不妥协行为的极度僵化,以及跨越阻隔敌对双方的"铁幕"(rideau de fer)开展交流的意愿极其薄弱。当时正处于冷战高潮,还伴随着一些巅峰时刻,比如 1948 年封锁柏林的危机,或 1962 年的古巴导弹危机。两个超级强国几乎没有对话,即使有也是在安

---

* 辉煌三十年指法国在第二次世界大战结束后从 1945—1975 年高速经济增长并且建成高社会福利体系的三十年,这一时期随着 70 年代石油危机和随后的经济衰退而终结。——译者注

理会的一些会议中互相抨击谩骂，而且这一平台也在朝鲜战争初期被苏联所废弃。但是，从1967年到1989年，两极相互调适迁就：曾出现了"和平共处"(coexistence pacifique)时期，后来是"缓和"(détente)时期，后者在某种程度上被1979年苏联入侵阿富汗扭转。这段时期两强之间关系的破冰是通过多种形式的重大外交举措谋划实施的，包括1971年关于柏林问题达成的四方协议，1975年在赫尔辛基召开的欧洲安全与合作会议(CSCE)。从那时起，我们面对的是一个不再激烈对抗的两极格局，而是某种二元政治(dyarchique)的两极格局。推动这两大敌手彼此接近的原因竟然是它们都感知到了自己的弱点，以及因在世界这个或那个地区干涉而陷入的僵局：美国在越南的失败，苏联在自己阵营中受挫，还有中东地区的战争，在那里"两大宪兵"(les deux gendarmes)都难以发号施令。尽管是迫于各自的弱点而不得不合作，两个超级强国发现在合作中能够获得好处，这首先从经济领域开始，因此《限制战略武器条约》(SALT)十分重要，在20世纪70年代，它使战略武器上的竞争得以受到控制：为了启动军备竞赛的逐步降级，经济方面的论据总是非常有力。关于限制战略武器的谈判不仅对于经济上更加虚弱的苏联是一桩好交易，而且对于正在经历一段经济衰退期、面临困境的美国也同样如此。

美苏合作还显现出更多益处，随着它为两者建立了一种几乎也是全新的互动关系：两个合作伙伴获得了共同统治(condominium)的乐趣。与人们普遍以为的不同，世界的分治并非始于雅尔塔，而是从1967年开始，那时两个超级大国不仅学会了对话沟通、相互承认对方的领导地位，而且还基于一定的共谋默契开展行动，最终完全承认了对方在地理辖域上的势力范围。1967年是约翰逊与柯西金在葛拉斯堡罗(Glassboro)首次会面的年份，之后尼克松与勃列日涅夫举行了一系列峰会会晤，他们的继任者也以不同的节奏延续着这一交流。正是在这些对话的过程中，两个超级大国努力地以务实的方式解决各种国际问题，而且，当他们无力解决问题时，会一致同意将其搁置起来，就像阿以冲突，虽然没有得到真正的管控，但也受到两个超级大国之间持续沟通的全新逻辑的压制。

最后，1967年之后发生了一件具有重大意义的事情，《不扩散核武器条约》(TNP)在随后的一年签署。这一事件极具标志性，因为它完美地体现了当时二元政治合作的新气象：由两个超级大国来定义小小的核俱乐部的闭门机制。它也反映出,两强之间的共谋在何种程度上是在等级制逻辑下运作的,而这也是必然走向终结、正在变得无以为继的威斯特伐利亚体系的逻辑。1968年,《不扩散核武器条约》被国际社会集体接受,除了个别例外(印度、巴基斯坦、以色列);当时的中小国家,在这一背景下就是指无核国家,对超级强国的服从还是自然而然的事情:几乎没有人质疑阵营主义秩序,也没有人认为极化本身有什么问题。几乎所有国家,情愿或不情愿地,都认为超级大国有足够充分的理由这样存在并且这样行事。当这种二元政治的两极格局一旦消失,《不扩散核武器条约》反而变得非常难以实施:它人为的续存与我们世界的真实现状产生了巨大的差距,今天对大国等级制合法性的质疑已经非常激进而普遍了。然而,质疑的端倪早在两极格局时期就出现了。当时的国际体系其实本来就是"非极化"(aporique)的:太多行为体已经在这里了并发出了抗议,即使我们掩耳盗铃地拒绝倾听。

南方世界中的震荡:两极格局的缺陷

两极体系受到侵蚀的最初迹象总是来自南方世界,这是一个重要的征兆。在东西方关系中,没有什么力量能够真正颠覆二元政治模式。当然,要记得戴高乐将军自发出1958年的备忘录信函起,* 就决意独自一人向大西洋联盟(Alliance atlantique)抗议,因为法国没能充分加入联盟的领导层。当然还有苏联与中国(这已经是发生在南方世界中的问题了。)之间的分裂,以及,齐奥塞斯库(Ceausescu)的罗马尼亚更小范围和更少敌意的相对疏离,这是罗马尼亚以自己的方式效仿社会主义南斯拉夫的"铁托分裂主义"。然而,最终,这么多"分歧"(divergences)中没有一个本质上改变了世界秩序。

我们在前一章中提到了最初的泛亚、泛非或泛阿拉伯运动如何向欧

---

* 1958年9月17日,戴高乐将军致函美国总统艾森豪威尔,提出要求改革北大西洋公约组织的备忘录。该备忘录抄送了英国首相麦克米伦。——译者注

洲列强表达不信任。这种不信任以更强的力度和更高的可见度,通过1955 年的万隆会议再一次表达出来,尽管同时引入了一个重要的悖论。这次会议声称追求亚非主义,希望把第三股力量、一个既不属于西方也不属于东方的阵营推向前台,这股力量、这个阵营的标志性口号就是不结盟,不结盟后来成为亚非首次聚会之后兴起的一场持久运动的名称。然而,万隆精神的诸位倡导者们却都是第一批与两个超级大国建立深入的扈从关系(clientélisation)的领袖。会议的四个倡导国——印度尼西亚、印度、巴基斯坦、锡兰(后来的斯里兰卡)——无一例外都是如此。其中的两个国家,巴基斯坦和锡兰,很快投向了西方阵营。约翰·科特拉瓦拉,时任斯里兰卡首相,毫不掩饰其"西方迷恋症"(occidentalophilie)＊,而巴基斯坦与美国结成了紧密的同盟关系,尽管同时也依赖中国的支持。在另一方,印度的尼赫鲁与印度尼西亚的苏加诺则明确地转向了莫斯科。

第二个矛盾在于,当这些南方国家向昔日的殖民国要求承认自己的完整主权时,它们还呼吁北方国家支持自己发展的努力。为了在当时能够生存下来,它们需要获得援助,为了得到援助,就必须要么追随结盟,至少要成为扈从。两极格局的力量暂时地压倒了南方人民的解放理性。同时,这一新世界,尽管并未很好地融入国际关系,却逐渐成为国际冲突的主要发源地。然而,如果把这些新生国家变成追随者相对来说比较容易的话,若要控制这些国家中的冲突就困难得多了。如果说协商共治的两极能够保护欧洲免于战火,那么旧大陆确已不再是世界战场;这一战场转移到了南方世界,而那里开展的战争是两极格局无力控制的:历史真的开始改变了。

由此我们看到,"重大误解"(grand malentendu)的主要轮廓已经开始呈现,它震撼了 1945 年后的世界。北方世界的大国陶醉于美苏共治的表面成功中,这一机制看似运转得越来越好了,于是北方国家相信能够保持对所有国际事件的控制,特别是这种我们当时不屑一顾地称为"边缘性"

＊ 西方迷恋症一词源于苏东剧变之后俄罗斯知识界以西方市场与民主模式为社会理想模型的思潮,它既是俄罗斯发展道路中"西方主义"(occidentalism)与"布尔什维克主义"辩论的延续,又与 19 世纪流行的西方主义有所区别。参见 Dina Khapaeva, "L'Occident sera demain", *Annales. Histoire, Sciences sociales*, 50e Année, No. 6, 1995, pp. 1259—1270。——译者注

(périphérique)的冲突。这是一切扈从化与附庸化的经济与军事手段的主要用途。但是,事实上,这种冲突越是不断发展,北方世界国家的控制能力就越是衰弱。换句话说,世界上不再只有我们了。

被"边缘性"冲突侵蚀的两极格局

边缘性冲突最早的案例应该说是朝鲜战争,因为这场战争已经反映出某种大国的难处。美国利用这一点在南韩巩固了一个完全服从于美国利益、言听计从的军事独裁政权。然而朝鲜半岛的冲突"没有越界过多",混乱局面也得到了及时控制。

越南战争就不一样了,出于三个原因。首先,越南战争与朝鲜战争不同,是在苏联与中国竞争的背景下发生的。这一双重庇护,被北越出色地玩弄于股掌之中,已经造成了体系内的某种裂痕。其次,美国在南越经历了他们在朝鲜逃过一劫的遭遇,一场真正的游击战。他们从那时才开始发现,打败一个社会远比与打败一个国家要困难得多。当然,不可否认南越游击战的背后始终有北越国家的支持,但国民解放阵线(FNL)向南越的渗透以及在南越的活动毕竟无法与两国之间的正面交战同日而语。这也是其他西方列强在去殖民化战争中经历的同一类型的冲突,包括在马达加斯加、印度支那、喀麦隆与阿尔及利亚。当然,这些主要是涉及法国的冲突,但也包括不列颠帝国在撤离海外领地过程中发生的所有流血冲突经历:在马来西亚,大英帝国的撤离还不算糟糕,毕竟最终成功地镇压了共产党的游击战;而在肯尼亚,英国与茅茅民族主义反叛者(rebelles nationalists Mau-Mau)的冲突就难以管控得多。

在南方世界中兴起的这类冲突催生了一些新的军事实践,人们发现这些实践与西方大战略家提出的战争理论没什么关联。最初,苏联人以为自己可以为此感到庆幸:去殖民化是西方世界的问题,莫斯科不仅免于殖民主义的任何指控,而且还能够利用这些冲突来削弱西方。这基本上就是20世纪五六十年代再度召开的巴库大会的基调,苏联到处为被压迫与被殖民人民的事业辩护,特别是在联合国的论坛上。但是,苏联与中国的分裂损害了苏联的可靠性,并且说明,也许还有苏联之外的其他人选更适合捍卫亚非解放事业。最终,苏联落入了自己设下的陷阱,发现自己也有一块"南方腹地"(flanc sud),它在那里维系着类似帝国主义或新殖民主义的统治。阿富汗战争就是这一演变历程的高潮篇章,阿富汗也因此成为苏联再也不想涉足的"小越南"。我们要注意到,第三世界地缘政治运势的转折发生在很短的时间内,从 1975 年西贡陷落到 1979 年 12 月干涉阿富汗的致命决定,继而引发了 20 世纪 80 年代的一系列解体以及苏联模式的最终毁灭。

但即使在阿富汗溃败之前,苏联已然深深陷入附庸化的游戏中。对它来说,控诉西方列强对其殖民地和前殖民地的行径是很容易的:之后她才通过亲身经历发现,让这些相同的国家接受自己的庇护是何其困难。苏联在印度是比较走运的,因为印度在与其对手巴基斯坦的较量中更占优势,正如一系列战争,特别是 1971 年爆发的孟加拉独立战争所证明的。因此,莫斯科与德里的联盟没有给苏联带来任何显著的外交问题。然而,其他一些地区性冲突却走向了不太理想的结局,特别是在中东地区。苏联不仅没能成功地让整个阿拉伯世界臣服,而且还不得不咽下盟友转换带来的苦果。苏联的追随国——最早是埃及、叙利亚和伊拉克——不得不与其他一些同样憎恨以色列但也反对苏联阵营的国家在一种复杂关系中共存,比如阿拉伯半岛上的诸传统君主国以及约旦。1970 年秋天出现的叙利亚—约旦紧张关系紧随着著名的黑色九月事件发生,因为在此期间约旦国王侯赛因决定把巴勒斯坦解放组织(OLP)从其国土上驱逐出去。这刺激哈菲兹·阿萨德把装甲车开到了哈希姆王国*(royaume hachémite)的边境上;这一举措在当时看来是一个不合时宜的决定,它打乱了克里姆林宫在这一地区的计划:后者必须适应这种自己完全无法掌控的冲突节奏。

一场复杂的外交游戏打乱了莫斯科的外交布局。非洲之角的例子很能说明问题。一开始,亲苏联的索马里和与皇帝治下的埃塞俄比亚(Ethiopie du Négus)彼此对立,后者与西方结盟。但是,埃塞俄比亚皇帝刚刚

---

　　*　即约旦哈希姆王国,用 1946 年结束英国托管后、统治约旦的哈希姆家族为代称。——译者注

被莫斯科支持的马克思主义革命推翻,索马里领导人西亚德·巴雷(Siyyad Barre)也改投了阵营。因此这至多是一场双方都一无所获的平局比赛。此外,苏联推行的革命式第三世界主义逐渐陷入了一种前途未卜的消耗战(guerre de position),比如在南部非洲,安哥拉和莫桑比克的冲突没有给想要在艰苦的去殖民化斗争之后收割果实的苏联带来轻而易举的胜利……必须承认,南方世界的行为体其实是一些不愿对任何阵营追随到底的玩家;纳赛尔在向莫斯科靠拢的同时,始终是一个真诚的反共产主义者,而且决绝地反对埃及共产党。萨达姆·侯赛因转向西方是为了抬高要价,特别是在与伊朗开展八年战争期间,但在此之前,当他启动"民用"核计划时已然如此:雅克·希拉克曾于1974年秋到访巴格达;伊拉克元首(raïs)次年来法国访问卡达拉舍(Cadarache)的法国原子能委员会*(Commissariat à l'énergie atomique),再次同法国总理会面,甚至在爱丽舍宫具体制定了"奥斯拉克"(Osirak)核反应堆计划**,与包括布依格(Bouygues)和圣-戈班(Saint-Gobain)在内的多个法国公司建立了合作。

共治的局限性

由于所有的这些原因,两极体系很快在南方国家丧失了信誉。首先,南方国家意识到事实上它们拥有自己的资源,不是非要"粘住"(coller)西方或苏联保护者才能生存:通过成为最接近新型冲突的行为体,它们获得了向国际议程施加影响的强大能力,而且很会兑现这种能力。它们也认识到,苏联保护者太顾忌维持与美国共治的好处而难以成为一个完全可靠的保护者。如果说莫斯科只是相当软弱而松懈地支持巴以冲突中的阿

---

* 法国原子能委员会在卡达拉舍设有研究中心,通常称为法国原子能委员会卡达拉舍研究中心。——译者注

** 1976年伊拉克从法国购买了一个奥斯希斯级别(Osiris-class)核反应堆,由法国和伊拉克共同维护,用于和平用途,法方使用该反应堆与伊拉克国名的合成词"奥斯拉克"(Osirak)命名这一项目。该反应堆于1981年被以色列空军的"歌剧院行动"摧毁。——译者注

拉伯被保护者,这是因为维持与美国协商之下的和平共处才是其战略重点。有时候,有效庇护带来的益处会被其引发的与华盛顿不和的代价所抵消。二元共治因此包含着一种潜在的、致命的矛盾。

这就是权力不确定性的另一个证明:此起彼伏的新型冲突,它们不受任何约束,两个超级大国也无力掌控。此外,在这一战略博弈中,弱者能够施加一种比强者可能用来威慑的导弹更为有效的压力。原因非常简单:一种权势一经建立,就会有损失惨重的风险,但是对弱者而言,它们既然没有强大的资源,也就不会因一意孤行或特立独行而承担损失风险。在一场军事冒险中,萨达姆·侯赛因的伊拉克或哈菲兹·阿萨德的叙利亚与勃列日涅夫的苏联相比有少得多的东西可以输去,后者受制于一系列的国际束缚。弱势创造了一种危险的自由场域,而我们今天对此依然重视不足:太大的权力差距消灭了权力。

被保护者与附庸者的自主性空间不断增大,特别是由于昔日的核约束现在发挥的作用小得多,至少在南方世界只能发挥与以往非常不同的作用。首先,就深层次的背景来说,核武器的作用发生了变化,因为好几个中等强国,无论是北方国家还是南方国家,都已成功地突破了不扩散的禁锢。或以英国的方式,即在美国保护下购买核武器。或以戴高乐的方式,就是要努力展示自己能够独立获得核武器,作为国家独立的保障。随着中国也加入了这一游戏,我们最终看到了五国俱乐部形成的局面,外加一些拒绝签署《不扩散核武器条约》的国家,比如印度、巴基斯坦和以色列。就其本身而言,核力量二元格局的终结并没有带来什么实质性的改变,因为新兴核国家无法对两个超级大国的核能力构成竞争。然而,当国际问题越来越少地根据东西方关系,而越来越多地根据南北方关系来定义时,我们就突然间面临着一个未知的问题:"北方世界的武器"(arme du Nord)在那些日益发生在南方世界的冲突中有什么用处呢? 战略上的思考几乎没有什么改变。有些人,特别是美国的肯尼思·沃尔兹,认为南方世界核行为体的增多可能是实现国际关系再平衡的一种方式。[2]另一些人则担心核武器向非国家行为体扩散的可能:恐怖主义分子可能会获得微小型核武器并将其用于城市中。

这些都是纯粹的假想而未触及问题的本质:核武器当然是经典战争框架下的终极手段,但是面对新形式的冲突它能发挥什么作用呢? 紧随而来的问题是,最强者的保护能力曾经如此依靠核能力的分级来体现,但这一区分如今不再有效了。世界上不是只有"五国俱乐部"(le club des cinqs)了。

不结盟的抗议遗产

如果说不结盟的战略从未真正实施,那么它的幽灵也从未真正消失。万隆会议与不结盟运动当今的真正继承者是国际舞台上以各种形式出现的"抗议外交"(diplomaties contestataires)。不结盟国家很快发现,它们不仅没有能力主导什么事情——除了尝试对一些国际谈判的边缘性议题发挥影响之外——而且不结盟概念本身也随着两极格局走向衰落以及随后消失而失去了意义。不结盟运动的主要参与者非常清楚,它们既不可能形成一种有组织性的力量,也不可能成为一股治理世界的势力。然而,它们却很快明白,自己能够充当国际体系中的某种"庶民"(plèbe)。而且,通过一些合适的论坛,它们能够轻而易举地充分参与国际政治辩论。阿尔及利亚的外交很早就因这一前所未有的新角色而享有盛名,它们相当懂得如何灵活运用自己的庶民身份。在 1967 年召开的阿尔及尔大会上,77 个南方国家签署了一份宪章,如今已有 130 个国家加入,但仍保留着"七十七国宪章"(Charte des 77)的名称。*这意味着国际体系中的"无名士"(sans-grade)能够在一个革新化与民主化的国际体系中发挥一定作用。虽然还未形成势头,无名士被期待的作用已经构成一种抗议话语的基础,从而开启了一个全新的外交类别。通过在这个新游戏中脱颖而出,人们能够成功地抬高要价,成为一个高效的"异端分子"(déviant)或"犯罪分子"(délinquant),意即懂得充分利用其杀伤能力来施加影响世界命运,包括用悲剧性的方式。

尽管并非常态,这种抗议性外交实践走向极端,就会导致为抗议而使用暴力,表现为服务于国家外交的恐怖主义行动,而且这明显地破坏了克

---

* 即《七十七国集团宪章》,由于七十七国集团首次会议在阿尔及尔召开并通过成立集团的基础性文件,故该文件又称"阿尔及尔宪章"。——译者注

劳塞维茨的正面战争传统。有些国家自愿选择这种战略,或经常性,或偶尔性地使用暴力抗议;20 世纪 80 年代的伊朗、萨达姆·侯赛因的伊拉克、哈菲兹·阿萨德的叙利亚、卡扎菲的利比亚,等等。

我们可以从中得出一个不无矛盾的结论:诚然,不结盟运动未能缔造一种制度化的政治秩序,但其继承者却日益深入地参与国际议程制定,进而有力地影响了世界。正是在这些国家的土地上发生着当今世界的主要冲突,冲突的起因是关于它们的问题,关于使它们负重尤深的社会赤字(déficits sociaux)。只要听听伊朗总统鲁哈尼(Rohani)——一位看似较为温和的领袖——的话就足以理解了,他解释道为什么他的国家拥有深刻影响复杂的地区议程的能力,如果不能说是国际议程的话,而且伊朗的影响力极可能高于美国或俄罗斯的影响力。世界真正的颠覆变革始于冲突转移到南方世界的那一刻。无论是短暂的单极幻象或是寡头治理的幻象都无法抵御这一深层次的动力。

短暂的单极幻象

冷战刚刚结束时,西方国家犯了一个错误,就是以为"战胜者"(vainqueur)将开启一个单边地主导国际体系的时代。它们充分信赖算数法则,认为二元体系中一个玩家的失败将机械地导向一个单极世界:算数是一门值得无限敬重的学问,但并不适用于国际关系。

1947 年建立的两极格局建立在保护与被保护的思想上:必须臣服于两大联盟阵营之一才能保护自己免于对方的威胁。但是,这种威胁一旦消失,追随结盟的逻辑就没有多大意义了。在这种情况下,有什么理由能够证明美国霸权永续化的正当性? 在这一"算数"错误之上,还要加上一个对背景形势理解的错误:1989 年的世界已经完全不同于 1947 年的世界了。去殖民化业已完成,战争场域由北方世界转移到了南方世界,而南方世界不同的组成单元,无论是国家、人民、社会群体、宗教或文化共同体,都获得了极大的自主性。柏林墙的倒塌甚至为它们提供了更多理由,反过来进一步增强它们对解放、抗议甚至反叛的追求。

　　此外,全球化已经完全改变了世界的格局;不同社会之间开始进行直接的彼此接触,其交往密度挑战了人们对于国家能力的传统看法。"社会间"(intersocial)交往变得比国家间(interétatique)交往更加快速而高效。这一"社会间性"(intersocialité)当然涵盖了经济交流,但还包括移民、宗教间关系,以及族裔或部落性质的互助,最后一类交流随着"预制国家"(Etats préfabriqués)和"舶来国家"(Etats importés)*到处开始崩塌而日益增强,这些国家主要产生于去殖民化进程,也有一些源自苏联阵营的解体。

　　大错特错之处在于,以为我们能够像管理旧世界那样地管理这个新世界,诉诸同样的霸权格局,还带着一种被苏联消失带来的真空所强化的得意情绪。克林顿政府越来越像是这种"延续主义"(continuisme)的象征:"后两极时代"的首位美国总统毫不犹豫地于1997年1月任命了玛德莱娜·奥尔布赖特(Madeleine Albright)担任国务院的首席长官,她的身世和家族史如此深刻地体现着冷战精神:捷克外交官之女,在布拉克政变后离开母国,曾就职于战略与国际研究中心(CSIS),作为最优秀的苏联专家之一。

　　然而,在这一新时代之初,克林顿的前任乔治·H.布什已开始宣扬一个"国际新秩序"(nouvel ordre international)了,而且布什总统通过拒绝在解放科威特之后、为推翻萨达姆·侯赛因而进军巴格达,表现出美国对使用武力的克制:不知是出于对南方世界复杂性的直觉,抑或是因为与米哈伊尔·戈尔巴乔夫达成了秘密交易,后者已经十分害怕看到美国四处扩张了?同样,他没有巩固以色列对其严重削弱的邻国和对手的全面主导,而是有意利用海湾战争的胜利来尝试重启中东和平谈判,他召集的马德里会议虽然无疾而终,但至少成功地让有关各方坐在了一起。更加值得褒奖的是,他通过"沙漠风暴"(Tempête du désert)行动取得了一项重大成功,领导了一个真正受各方支持的联盟,包括莫斯科、哈菲兹·阿萨德的叙利亚和在安理会投弃权票的中国。然而,同样也是乔治·H.布什作出了维持北约继续存在的致命决定,这是一种退步性地,而且是畏缩不

---

　　* 可参阅作者的相关著述 Bertrand Badie, *L'Etat importé*, Fayard, 1992。——译者注

前地进入即将到来的新世界的姿态。

美国的霸权保守主义被缺少其前任的国际经验的克林顿深化了,他的数次失败很快说明,单极格局不过是一个幻象。首先是在索马里实施"重建希望"(Restore Hope)干涉行动的大溃败,致使美国海军陆战队最终在羞辱中撤出了非洲之角,这反映出,理论上"不堪一击"的游击队与一个受困于自身庞大体量的大国之间"不对称冲突"(conflits asymétriques)的全新特性。之后,华盛顿面对南斯拉夫的冲突完全不知该如何自处,采取了一种与其此前一贯有意摆脱欧洲负担的外交传统截然相反的立场。比尔·克林顿不理解俄罗斯帝国解体的新征候,也没有对此给予应有的重视。同样地,华盛顿也没有跟进关于巴以问题的《奥斯陆协议》的后续落实,它只是带着一份该受谴责的天真和轻率欢迎这一协议,从而导致了协议后续的一系列挫折与倒退,直到 2000 年 7 月著名的第二次戴维营会谈＊(Camp David Ⅱ),美国总统表明,无论他如何全身心投入与交战双方的谈判中,依然既无法有效地开展斡旋,也做不到向其被保护者以色列施压。最后,让我们回忆一下 1994 年卢旺达大屠杀所代表的外交失败,数十万人丧生,国际社会迟钝被动,特别令人惊愕的是,唯一的超级大国竟也无动于衷,其在安理会的代表不得不提醒道,没有办法对卢旺达进行干涉,因为它是一个"主权国家"(Etat souverain)。

这么多的"检验"(tests)证明,新的国际体系根本不是单极的。因此,从柏林墙倒塌到北约轰炸塞尔维亚,中间不过间隔了五年多一点的时间,后者标志着俄罗斯与西方敌对关系的逐渐回归。随着莫斯科日益感受到对其盟友塞尔维亚的侵犯,俄罗斯重新回到了国际舞台上。在 1999 年的科索沃战争这段插曲中,也就是克林顿总统任期的最后阶段,俄罗斯强势回归的动力达到了极致。作为对北约向塞尔维亚开展行动的回应,俄罗斯自 1999 年 3 月 24 日起中止了与北约的合作,而 6 月 12 日,莫斯科把军队派到了普里什蒂那机场表明立场:这是一场真正的冷战行动……但是发生在冷战之后!这说明国际舞台上不是只有一位支配者,西方的单边行动再也无可接受,凡是涉及俄罗斯重大利益的事情,都需要与莫斯科协商。

＊ 2000 年 7 月,美国总统克林顿与以色列总理巴拉克、巴勒斯坦领导人阿拉法特在戴维营举行了为期 15 天的三方会谈,但未达成协议。——译者注

普里什蒂那机场的一幕只是一种行为模式的早期例证,这类行为在2013年11月爆发的乌克兰危机中再度重现,在今天的叙利亚危机中也不断上演。这里体现的始终是同一种逻辑,也是俄罗斯为反抗被边缘化而暗示的同一个信息。这同样也一直是建立在排斥性中的霸权的病理机制:从这个角度来看,北约的维系以及向前苏联阵营国家的扩张构成了一个重大风险。据说,当北约续存问题在1991年该组织的峰会上被提上日程时,乔治·H.布什肯定地说,绝不会解散北大西洋联盟,尽管华沙条约组织已经不复存在了。弗朗索瓦·密特朗回应道:"您向我们宣布了神圣同盟(Saint-Alliance)的重生。"[3]当一个联盟存在的合法性不再由敌对集团的现实威胁来证明,这样的联盟也不过是为了完成无限制的霸权使命而已。这恰恰就是俄国沙皇亚历山大一世(Tsar de Russie Alexandre Ⅰ)想要通过神圣同盟所达到的效果。霸权要求其他伙伴中的多数赞同,至少是它们的服从,才能形成认同;当霸权在反对一个或一些他者的过程中实现时,它同时孕育了一种常在性的对抗,无时无刻不在威胁着霸权的实现。真正的"霸主"(hegemon)应该能够不依赖于联盟而存在。

一个"无极"(apolaire)的世界

单极霸权遭遇的另一个挫败来自南方国家,它们此后已经能够与冷战施加的保护逻辑彻底决裂,并且能够成功地独立自主参与游戏了。发展中世界最积极的行动者再也不需要按照东方或者西方来选择立场,而是开始以反对北方世界作为自我定位。然而,主张反对北方,现在就等同于反对美国。因此,我们看到兴起了一股强有力的反美主义浪潮,起初最主要的回音室之一就在南美洲,还有一批左翼民族主义政权自2000年以来出现在了美国的后院里。

也是在这样一种背景下发生了2001年9月11日的袭击事件,我们可以认为这些恐怖袭击开启了"非对称性冲突"(conflits asymétriques)的时代,然而,非对称性冲突也只是一种由来已久的力量的表现,是其他多种力量之一。与其说9·11事件是一个转折,不如说是一个表征,它揭示了一种新形式暴力的高效性,这种暴力能够直击一个我们以为坚不可摧的大国的心脏。美国的反应则是放任其单极霸权意志走向弥赛亚式的激进化,表现在新保守主义的意识形态中。克林顿已经隐约地认同了新保守主义智识建构的某些方面内容:乔治·W.布什以及激励他转向新保守主义的人们(其中包括迪克·切尼、唐纳德·拉姆斯菲尔德、保罗·沃尔福维茨)通过"政权更替"(Regime Change)计划将这一意识形态推向了极致,"政权更替"计划首先在中东地区推行,之后,几乎在他们的傲慢之心(hybris)所及的任何地方实行。对他者的否定变得绝对化而且充满好战性,因为究其根本,"政权更替"只接受那些按照美国自己的形象建构的伙伴。

我们都知道"政权更替"的结局及其惊人的矛盾:单极霸权的极度任意主义(hyper-volontarisme)不过是掩盖了后两极世界的真实轮廓,真实的后两极世界实际上体现为一种无极格局(apolarité),以及贬值至失效(impuissance)的权力。[4]美国屡屡失败,变得无力赢得一场战争,而西方中等强国也在它们的范围内频遭挫败。由此开始出现了一个"人人为己"(chacun pour soi)的世界,有越来越强自主性的行为体各自为战,所取得的局部性成功进一步鼓励它们特立独行。

我们曾说过,"联合的极性"(polarités de regroupement)是为了满足应对威胁的需要。然而,威胁今后变得如此形态多样而且难以识别,以至于追随一个强大保护者的做法不仅有高昂的入门成本,而且经常导致适得其反的结果:昔日的霸权稳定转化为了"霸权不稳定"(instabilité hégémonique),保护更多是要么承担义务、要么弃之不顾,而不是保障平稳安宁……因此产生了一些极具不确定性、但却日益广泛传播的战略,特别是沙特阿拉伯或巴基斯坦所采取的战略。这些国家都是美国昔日的"被保护国",它们找到了以最小代价讹诈或规避大国保护的方法。怎样才能不被巴基斯坦的姿态所迷惑呢,它是一个以"亲西方"(pro-occidental)为官方立场的国家,但其情报机构却暗中支持塔利班;或者,如何不为沙特阿拉伯的行为感到困惑呢,它是美国长期以来的盟友,但却和"基地"组织(Al-Qaïda)保持着千丝万缕的联系,甚至也间接地与"伊斯兰国"(Organisation de l'Etat islamique)相联系? 它们的态度其实包含着后两极格局的新背景下不可忽视的理性。

寡头俱乐部的回归

与此同时,随着新的国际秩序中出现日益增强的不确定性,我们看到寡头逻辑再度占了上风。美国,就像所有追求霸权的大国一样,从来不是寡头与俱乐部的信徒或主要支持者:在十分缺乏热情,并且几乎是在不情愿的状态下,美国加入了1975年成立的六国集团(G6),这一集团随后一年在瓦雷里·吉斯卡·德斯坦(Valéry Giscard d'Estaing)的倡议下变成了七国集团(G7)。不要忘记,组建这些集团的想法都是出现在美国霸权遭到严重削弱时,削弱美国霸权的有美元危机(美元在1971年脱离金本位,并在1971年和1973年连续两次贬值)、越南战争的溃败和水门事件的丑闻。面对跨大西洋伙伴的这三重弱点,它们完美地体现在杰拉尔德·福特总统平庸的个性上,欧洲人以为能够重新建立"协调"(concert)的逻辑。从这一时期开始,寡头治理时期与美国强势回归时期交替出现,比如在里根总统执政期间,美国的强势自然而然地导致"集团"(G7或G8,等等)的弱势。

而标志着比尔·克林顿总统任期特征的相对混乱的背景反而使寡头治理重获新生,在20世纪90年代,寡头俱乐部变得如此自信,以至于最终接纳了已在七国集团门前徘徊许久的俄罗斯。随着新兴国家的崛起,七国集团加一的机制(G7+1),不久后被称为八国集团(G8)(直到2014年俄罗斯再次被驱逐出去)很快就显得不够用了。1997年亚洲金融危机导致了二十国集团(G20)财政部长机制的建立,但是到2008年,这一集团才变成了国家元首级的二十国集团。

2008年这个年份很有征候意义,因为在这一年中美国权力受到了两方面打击下的双重削弱,一方面,伊拉克的彻底失败和新保守主义无可争辩的破产;另一方面,一位新的美国总统当选,他将对国际政治采取一种完全不同的新视角。二十国集团就诞生于这一"过渡性真空"(vide transitionnel)期间,即2008年11月,当巴拉克·奥巴马刚刚当选而尚未开始执政时。但这一新组织很快将落入平淡萎靡的命运,因为老牌列强十分不愿意过分扩大全球治理的基底。

　　这时我们就理解了,被冷落和被边缘化的新兴国家要极力规避和抗议寡头治理,寻找新的、解构一切极化逻辑的互助与合作形式,这一点我们将在接下来的章节中深入分析。

注　释

1. O. Worth,*Rethinking Hegemony*,Palgrave,New York,2015.

2. K. Waltz,〈The spread of nuclear weapons: more may be better〉,*Adelphi Papers*,171,International Institute for Strategic Studies,Londres,1981.

3. R. Dumas *et al.*,*La Diplomatie sur le vif*,Presse de Sciences Po,Paris,2013.

4. B. Badie,*L'Impuissance de la puissance. Essai sur les nouvelles relations internationales*,Fayard,Paris,2004.

第三章
社会及其外交

我们不能仅凭地缘政治的古典地图,也不能仅从战略性思考中理解当今国际关系的性质。应该学会跨越这一步,把社会在国际关系领域的涌现纳入考量,直到目前为止,国际关系仅为外交界所专属的领域。从这个角度看,20世纪80年代随着信息通信技术(TIC)进步而出现的通信革命将在社会行为的变革中发挥基础性作用。通信革命涉及远程信息处理、多媒体、影视与电信,也就是说,声音、图像与信息。因此,通信革命影响了全世界,从最强大的国家到南方世界贫民窟里的赤贫群众。它构成了一个重大的创新因素,一个深刻变革的世界空间的主要缔造者。国际关系从未因一场技术革命而发生如此深刻的改变。我们甚至可以说,这一转折在重要性上已经超过了原子弹的发明,只是在方式上更为渐进,而且通常不是那么明显。核武器只改变了国际生活中的一个方面,尽管是具有决定性的一方面,但毕竟仍是局部的。通信革命却颠覆了威斯特伐利亚体系赖以维系的所有参数,并影响到个体的内心深处。它才是真正的全球化的要素,持久地变革着这颗星球。

首先,通信革命颠覆了距离效应(effet de distance),这本身就是国际关系的核心问题。距离——这一古老的、基础性要素——为国际关系中的领土性(territorialité)提供了意义,并建构了国际体系的初始概念。它也使民族和民族主义得以形成,把每个政治单元及其历史轨迹在世界地图上清晰地勾勒出来。也同样是距离效应,使曾经的统治者拥有了相对于被统治者的决定性优势:只有统治者能够凭借王权专属的手段克服距离的阻隔,而被统治者只能随着民族建构中的偶然性因素被分散、成为某种彼此隔离的状态。最终,距离成为主权的保障:国家潜在的敌人距离自己越遥远、能够触及自己的手段越是有限,国家就越能享有独立的主权。相距遥远是稳定、保护、秩序和确信的保障。

有了普及化的通信,几乎所有人都能够直接与所有人发生联系,无论距离有多遥远,更无需考虑国家边境的界限。随着技术的不断完善,有必要学会在一个不只有50个、100个或193个行为体(联合国成员国的数目)的世界上生活,而是一个有70亿个潜在行为体的世界,他们随时可能开展一系列国际行动,无视或规避其领导人的选择,也完全忽略一切主权逻辑。

这场无声的革命——事实上从未造成任何大规模或戏剧性的断裂——一点点地构建了全球化的动力,刚开始的时候是完全不动声色的。当这些不可估量的变革开始变得可感知时,我们还完全处于两极格局中,并封闭在两极格局的观念世界的堡垒中,这一观念堡垒倾向于把任何可能颠覆两极格局的力量降至最小化。

社会与民族国家的悄然变革

悄无声息的通信革命还产生了一种比解构距离效应更为深远的影响。它通过建构一整套网络式的"社会间"关系(relations intersociales),超越了传统的国际关系,后者其实应该被准确地称为"国家间关系"(relations interétatiques)。随着市民社会从国家约束的滞重压力下解放出来,而且社会行为体逐渐自主化,包括相对于其国家共同体而言,世界政治就变得越发具有社会间性(intersocialité)胜于国家间性(internationalité)的特征。

国际关系的教学和研究这一行业本身也发生了深刻的变化!从此以后,需要根据社会间性这一新的介入因素(intrus)重新审视一切,这一因素格外不易察觉,因为它几乎从未被明确指称过,而且也没有真正的机制化呈现方式。缺少机制化既是一个优势也是一个弱点,作为一种优势力量,它为社会间关系提供了一种保护性的隐身衣,而作为一个弱点,它使稳固的伙伴关系难以建立。社会间性是一个充满歧义的重大现象,因为它既创造了各种机会——合作、互助、流动性,同时也为一系列危害提供了可能:世界范围地方与国家层级上的社会性冲突上升,身份认同或宗教要素的作用日益增长,社会挫败、不平等与不宽容的全球化。面对一种跃进式发展,但管控不良的城市化进程造成的破坏性影响,面对南方世界人口大规模的年轻化,或北方世界人口大规模的老龄化,权力自动失效了。失业,在最年轻的南方社会中压力格外显著,制约着地区问题以及国际问题:失业首先成为流动性的来源,接着会成为冲突的根源。从此以后,因人类发展*的失败而导致的愤怒可以在一种全球化的意象中表达出来:过去的穷人只有局限于自己本土社会的有限视野,但今天他们很快可以将自己置身于整个世界中思考,他们从中看到了与自己无缘的财富,以及世界对自己处境的漠不关心。这一全球化了的意象日益成为引发冲突局势的那根敏感神经,冲突本身的性质属于社会性的:世界上所有的外交策略与各种各样的武器对此都无力反击……

社会间性,就是这些社会行为体,包括个体的或集体的行为体、移民、投资者、跨国公司或非政府组织、国际媒体、网络布道者或教会,他们每天数以万计次地互动着,塑造和重塑着世界空间(espace mondial),不听命于任何政令。社会间性归根结底也是错综交织着的不同文化之间的常态化交汇,这一文化交流也促进了不同的身份认同的形成。

著名的"文明的冲突"(choc des civilisations)就是基于这些社会性变迁提出的、最具标志性的分析框架:我们应该感谢塞缪尔·亨廷顿提供了一个过于简单化但智识上令人轻松的画面。[1]自从世界上不再只有"我们",很显然,一种文化再也不能在管理世界的过程中无视其他文化,无视承载那些文化的行为,以及他们看待世界、思考问题与认知自我的方式。在不断增强的文化间交流的影响下,全球化不可避免地推动一种不断深入的文化融合,这些文化曾经远隔千里、彼此分离。然而,以"文明的冲突"的形式提出一个文化间不可通约性(irréductibilité)的假设,其实是在日常生活中为一个自我实现的预言奠定了基础:污名化他者,预设我等族类的优越性,标记衣食习性的区别,把某种文化与一种政治秩序——或者更糟糕地,一个社会契约——绑定起来,这些做法到头来等同于制造排斥

---

* 人类发展为发展学领域的一个术语,源自联合国开发署的"人类发展指标"(IDH:Indice de développement humain),指与物质条件相关的,满足人的生理与心理、生物与文化、个体与社会的需求的过程。——译者注

性,使全球化进程走向贫民窟化,为本不应该发生的对抗做准备。这样做是把社会间性变成一种新的战争母体,在全球化的规模上复制"制造战争/建构国家"(war-making/state-making)的逻辑、也就是威斯特伐利亚体系的本质。除非"文明的冲突"能够像威斯特伐利亚体系那样发明出均势逻辑来限制其自身的破坏性,否则,这一理论否定了一切均衡的选择,只能被束缚在等级制与对抗性的原则中。

个人与社会行为体,以大致有序的方式,成为世界政治,而不只是国际政治的调节者,使国家、外交官和军队此后仅扮演一种回应性的角色。这种回应,通常诉诸国家的传统武器,变得越来越没有意义,甚至加剧国家与社会行为体之间不断增多的争端:去殖民化战争提出的问题于是越发显示出其重要性,而这是威斯特伐利亚记忆的压力所禁止构想的。

社会性行为就这样进入了国际政治的中心,使传统的战略分析失去了信誉,使冲突剥离了领土维度,还降低了冲突的国家属性。日常生活中的憎恨、屈辱、失落、痛苦成为新的国际关系中的常规内容。不仅就新的国家而言,世界上不再只有我们,而且我们也不再隔离于无限丰富的社会互动,它们构成了外交日程的日常活动。

在社会性外交这一领域,一段漫长的前史起初阻止了对威斯特伐利亚教义的任何质疑:也许首先是要巩固威斯特伐利亚教义。社会间性是在一个长时段的进程中形成的,这是一个社会(social)从各种各样的国家共同体中浮现并被发现的过程,而当时的国家共同体同样也在形成过程中。社会与政治就某种程度而言,在我们的现代性诞生之初,是完全分离的。由于治理模式的迟钝,种姓和阶级的等级压力,还因为沟通手段的欠缺,社会看似注定要存在于政治领域之外,可以说,就像一种社会学分析视角下的现实。在农业社会中,政治关系预先要求通信功能在技术上几乎完全不存在。人们总是很晚才能了解到一场战争正在进行,国王已经驾崩,并且已经被其继任者取代。

社会出现——以及政治化——的第一步,与最初的辩论空间在18世纪的飞速发展密切相关,那是在启蒙时代。[2]这些新的空间与城市和不断繁盛的社会交流有紧密联系:咖啡馆、剧院、文学沙龙是当时社交与对话的场所,它们增强了社会领域与政治领域之间的关系。这种关系的强化也渐渐地在国际关系领域中产生了回响。国际关系在整个18世纪仍然很大程度上不允许社会的介入,但 1789 年法国大革命改变了这一状况。大规模征兵(levée en masse),政治事业背后的社会动员,赋予共和二年的士兵*(les soldats de l'an II)解放欧洲被压迫人民的使命,这些都是国际社会的本质发生变化的征兆。特别是战争的性质开始出现了变化:它不再是君主之间的比武与逐鹿,而是服务于政治利益的社会动员。至此已经出现了 19 世纪与 20 世纪民族主义的先兆,基础就是公民的"想象的共同体"[3],他们借助日益增强的通信技术与国家动员能力连结而成为人民。

在社会与政治逐渐融合(fusion)或混合(hybridation)的动态进程中,国家与民族被塑造成为相互协调的整体,为威斯特伐利亚体系的内在张力提供了一种缓解。国家与民族的共同之处在于两者都尊重国境边界,而通信交流基本上只局限在国家和民族内部。国家不再只是王朝政治的中心;它成为一个有组织的政治共同体,它这样自我感知,通过越来越普遍而可持续的制度呈现出来,也体现在越来越恒久的情感中。这就是所有构成了——并且继续构成着——民族主义力量的因素。

当社会主导了地缘战略思考

我们因此可以想象许多事件在通信改变了传输效率时出现的转折,当它不再只在国家内部传播信息,而是要将信息扩散到全世界。于是,1988 年铺设、用以沟通大西洋两岸的 TAT-8 光缆一经启用,就产生了如此巨量的频繁交流,以至于国家内部与国际交流之间的区别仅就技术层面

---

* 共和二年的士兵代称法国大革命期间通过全民动员、自愿征召入伍的公民士兵。1791 年旧制度皇家军队溃散,1792 年在革命和爱国热情鼓舞下成立了法国革命军,绝大多数是由平民而非贵族组成,此后的第二年,即 1793 年春夏,国民公会开始大规模招募 18 岁至 25 岁未婚男性青年入伍,即"大规模征兵"(levée en masse),因此这一年入伍的士兵、相对于 1792 年而言,被称为"共和二年的士兵"。这一称谓反映了法国大革命时期形成的士兵—公民理想模型。参见 Alain Forrest, "L'Armée de l'an II, la levée en masse et la création d'un mythe républicain", *Annales historiques de la Révolution française*, 335 janvier-mars, 2004, https://doi.org/10.4000/ahrf.1385; Albert Soboul, *Les soldats de l'an II*, Paris, 1959, pp.24—27。——译者注

而言是不存在了。从此不再只有商品能够跨越国境流动，还有思想、声音与图像。通信技术由此创造了一种关系性的"准实时"（quasi-immédiateté）空间，很快使所有的社会行为体都具有了一种真正的国际地位。

这些因素都推动了一种我们称为"软实力"（soft power）的日常现实的产生，这是一种新的、多维度的权力机制，在不同情况下或完成传统的权力游戏，或使之更加复杂化，或使之失去稳定性。而且还产生了一种如果不能称为国际公共舆论，那么至少可以说是关于国际事务的公共舆论，其实就是不同国家舆论之间不断增强的互动，它能够塑造一些全球性问题的表征，至此之前，传统的外交关系从未考虑过这些问题。

这就是新的舞台，这些就是舞台上的新行为体。但是，在同一过程中，剧情也发生了变化，甚至需要重新定义国际问题本身的性质。如果说有一场真正震撼了国际关系的革命，那么这场革命就发生于此：从此以后，政治—军事问题的重要性被社会性问题追平并超越了。重大的国际社会性问题展示出比地缘战略问题更强大的结构性和决定性作用。是经济与社会发展进步或失败的节奏，特别是我们今天所称的"人类发展"，决定了国际竞争、紧张与冲突的真实框架。

这一演变最具说服力的一个例子是关于冲突的分析，冲突的性质已经发生深刻的变化：它不再是昔日国家间政治时代强权竞争的结果，而更像是一种弱势效应（effets de faiblesse），源于国家的崩溃、社会的解体、市民社会和社会纽带建构的失败、经济灾难以及各种人类不安全（insécurité humaine）的相关因素。如此之多的因素可能逐渐地把整个社会推入战争领域，并把和平的或至少是弱冲突性的社会实体转变为真正的战争型社会。随着社会登上了国际政治舞台，弱势通过其定义国际舞台新型关系的能力战胜了强权。我们只需要看一下各国的人类发展指数（IDH）排名及其地理分布就清楚了。地图上人类发展指数最低的区域几乎与当今世界中的武力冲突地区完美重合。在人类发展指数排名的最底下，我们发现确实有萨赫勒地区各国，包括马里、尼日尔、乍得，往东一些，有厄立特里亚与索马里，偏南一些，有中非共和国，非洲大湖地区＊和刚果盆地国

　　＊ 包括安哥拉、布隆迪、中非、刚果（布）、刚果（金）、肯尼亚、卢旺达、苏丹、坦桑尼亚、乌干达、赞比亚，是世界上战乱、饥荒、瘟疫和难民最集中的地区，被称为"非洲的火药桶"。——译者注

家。在亚洲,人类发展指数普遍高于非洲国家,但恰巧我们也发现,在排名的末尾有也门和阿富汗,这两个被战火撕裂的国家。

社会性困境总是与具有潜在冲突可能的意识形态的扩散有紧密关联。而且,从更广义的角度而言,全球性问题的"社会化"(socialisation)完全颠覆了我们在国际关系中所熟悉的概念:从主权独立转向相互依存,从权力至上转向弱势的震撼作用,从领土性转向流动性,从以国家间对抗为基础的克劳塞维茨式的战争理解,转向更多与社会解体相关的冲突性。再一次地,整个威斯特伐利亚体系受到了质疑。战争的另一套语法出现了,主要是在旧世界范围之外。

两种全球化与本土性的报复

然而,也要避免认为全球性问题的社会化只影响发展中社会,这些问题本身同全球化的动力密切相关。否则,就是忘记了社会间性也在塑造着发达国家,而且在发达国家中展示出大部分的模糊性。从北方世界看来,我们可以很快得出结论,全球化导致了跨国公司的胜利,使最富资源者变得更加富裕而强势,还让穷人服从于富人。社会间性在霸权国家中确实产生了这些作用,它们迫使难以适应全球化的福利国家也接受市场法则;最发达的国家已经感受到,并且总是感到,被这些新的跨国力量所威胁,比如说,巨型跨国公司经常拥有比一个国家国内生产总值还高的营业额,并且通过税务最优化手段逃避国家的税收。

但是,如果从南方世界观察全球化,现实就看起来更加微妙而复杂;我们发现,全球化的世界能够创造机会空间,能够逐渐开辟广阔的抗议场域,让社会力量——尽管确实还充满不确定性而且缺乏有组织性——进入政治领域,加速社会动员与政治意识觉醒,甚至创造了南方国家之间以及北方世界与南方世界的互助网络。这一切看起来像是有两种全球化。一种全球化加速了行为体的觉醒,无论他们是谁,都被激励奋起反抗追求成为终身总统的独裁者,或者反对跨国公司留在几内亚湾,特别是加纳、科特迪瓦或尼日利亚一些大城市的污染性废弃物。另一种全球化则置人民于市场的控制之下,依靠对食品销售网络施加的压力,阻挡工业化进程,为地方性寡头小团体的利益而强化扈从关系。

两种全球化中的任何一个都没有决定性地战胜另一个。与一些异全球化*(altermondialisation)的话语相反,没有人可以说,全球化牢固而持久地确立了国际资本主义的独裁专制。首先,全球化是社会性的,而不必然是经济性的,而且全球化的演变取决于全球外交的作为与影响,也就是说目前还没有什么变化。回想一下,食品不安全的问题从未成为联合国安理会讨论的议题,卫生安全问题讨论过⋯⋯仅仅两次!更糟糕的是,全球外交继续从国家间关系的角度讨论这些问题,从而造就了一个最大的恶性循环;通过这样的做法,全球外交进一步把富有创新能力的社会行为体边缘化,而进一步提升了僵化腐朽的本土性国家,从而使现状更加恶化。

另一个陷阱在于,以为全球化是对本土性的否定。这只是对全球化现象天真而且扭曲的看法。从本质上说,全球化不会自动认可字面意义上的"全球性"的成功,而是孕育了社会性对政治性的报复。后者,很明显,是不能够全球化的:政治与城邦建构混为一谈,城邦必然要建立在主权的基础上,至少是在分界的基础上。当我们进入全球化,我们就部分地离开了政治的界域,更多地嵌入社会的框架中,以及广泛的交流(经济、文化甚至新教)中。由此产生了全球治理的巨大问题,以及在这等规模上重新创设政治界域的异常困难。但是当社会开始无视或规避国界以表达自我时,它就应该建立在一个新的基础之上。于是社会需要动用众所周知的参考因素,以及很显然首先是本土社会。正是由于这一原因,本土性今天充满活力地重新浮现,全球化根本没有消除地方主义(particularisme),而是恰恰相反。

回归身份认同的特殊性使个人在这一新的世界空间(espace mondial)中找到坐标方位。这就是为什么全球化的所有进步都通过本土

---

　　* 异全球化(altermondialisation)是对全球化进程中的不平等、贫富差距、环境污染、生态与文化多样性受破坏等负面影响的批评性运动,核心主张在于全球化可以以另外一种方式、一种不同于新自由主义的方式组织,追求"异样的全球化"(mondialisation alternative),属于渐进式、改良式运动,不同于反全球化(antimondialisation)。后者为激进地反对全球化中诸多弊端以及新自由主义价值观的运动。——译者注

主义或身份认同主义(identitarisme)的方式表现出来。这些表现形式更具本土性,如果个人面对这个新的世界空间的建构而感到自信;反之,当个人感到受威胁时,就会采取身份认同主义的表达方式。于是,身份认同的符号表现为请愿的、排外的方式,以封闭的形式来回应全球化的运行:我们在这里找到了欧洲民粹主义的主要根源,还有各种原教旨主义的变体,从伊斯兰到印度教、从基督教传统主义到犹太教极端主义流派,它们已经构成日常的时事话题。

但是,本土性的复兴也可以表现为一种开放的行动主义(activisme),就像那些开展国际合作项目的大城市,为本土市民社会行为体创立跨境联盟的非政府组织,或者还有那些遍及全球的地区间(interrégional)合作行动,它们跨越了国界、山川、江河……在这里,我们看到了时而称为"全球本地化"(glocalisation)的积极而成功的一面。在世界各地区中,欧洲地区最终证明比其共同体机制要活跃得多,而亚洲,如此受制于民族主义与主权主义立场,只能用一些"自然经济区"(territoires économiques naturels)来抵消那个本非它所选择的世界的遗存,* 这些经济区域非正式地把新加坡、马来西亚和印度尼西亚这些敌对的兄弟聚拢在"增长三角"(triangles de croissance)下,甚至推动建设一个环图们江的"北方的香港"(Hong Kong du Nord),一度不无困难与拖延地连结了中国、俄罗斯、日本、蒙古、韩国以及朝鲜!

在本土性的再度兴起之外,全球化还激发了各种抗议行动:顺应与动员于是交替出现,似乎要说明,新的世界既不一定最终成为和谐的乌托邦,也不注定走向冲突性的内爆。为了指称全球化,美国政治学家与社会学家詹姆斯·罗西瑙准确地运用了"动荡"(turbulence)这个概念。[4]从此以后,世世代代根植于本土性或国家性中的个体需要面对一个自己很不了解世界,而且总是猝不及防地发现这个世界,经常要自己付出代价。全球化对这样的个人来说自然就是一个向全球不公正和不平等表达抗议的公共空间,因为这些不平等与不公正影响了本土世界的稳定。社会间性最初的影响之一就是强化了一系列抗议运动,这些运动变得越发不受束缚,因为它们不仅向君主或城邦的领导者抗议,而且也向假想中的"世

---

* 这里指地缘政治边界。——译者注

界的主人",以及所有我们正确或错误地以为控制和定义着国际秩序的人们抗议。一个新的公共空间就这样诞生了:世界上不再只有一种抗议形式了,那种源自西方历史的、古老的、教会式的抗议。

这些新的抗议话语从我们在前面提到过的全球化的意象中汲取灵感,但这种意象不是一个单一的意识形态实体,能够放之四海而不断复制,相反,全球化的意象建立在全球性与本土性之间一系列随机而定的混合之上。由此产生的新的抗议修辞需要同时依靠全球性的意象与本土性的"意义资源"(ressources de sens),后者提升了抗议话语的可信度与生动性:1999 年 11 月世界贸易组织峰会期间、西雅图示威游行中产生的社会性论坛的复杂性与丰富性,以及之后被反复运用的全球抗议形式,都体现了这一点。最后,抗议的对象不再只是周围的精英,还有所有我们认为对世界秩序——或失序——负有责任的人。因此,全球化产生了一种惊人的、以最多样化的形式进行普遍指控的动力:反西方主义、反帝国主义、谴责"十字军"或异教徒,修辞的清单可以根据不同行为体的性质而变换。

应该把当代的"西方仇视症"(occidentalophobie)与各种传统形式的反帝国主义与反殖民主义区分开来。反殖民主义的本质体现在追求建立国家的框架中:就这一点而言,"反殖民主义时代"曾是一个颂扬国家与民族美德的时代,其中包括很多南方国家,他们对民族国家只有一些不甚准确,而且经常扭曲的理解。在尚未真正了解国家文化之前,大家已然纷纷崇尚起了国家:人们想要建立国家,重视国家的价值,把国家视为从殖民者那里获得解放的工具和一个能隔离并独立于国际体系的自闭群体(d'entre-soi)空间。当独立运动兴起时,世界还处于前全球化状态:不要忘记大部分去殖民化运动发生在 20 世纪 50 年代和 60 年代,当时全球化的概念还不存在,全球化的现实也几乎察觉不到,完全处于萌芽状态。一旦南方国家获得独立,舞台场景也发生了变化,让位于这些"舶来"(importé)国家的崩塌,它们纷纷陷入一系列国家功能失调的进程,之后转变为极具压迫性的专制机器,很快就丧失了全部的合法性,然而它们曾经为建国如此努力地抗争。面对国家的失败,新的替代性身份认同在社会组织中出现,主要是在社区、部落或宗教层次上。随着全球化不断被感知和发现,边界和领土不再像反殖民主义动员时期那样能够发挥关键作用了。与抗议失败国家（Etats manqués）同时发生的是全球化动员的开始：由此产生了后殖民主义变革的高度敏感性，对全球治理产生了日益深刻的影响。

全球化中产生的新抗议不仅针对自己所属的国家，而且针对全球性的世界，因为这一整体被认为对种种不幸负有责任，但同时也被认为是唯一能够将自己从穷困状况中解救出来的机制：或是通过移民带来的可能性，或是通过组织各种形式的跨境互助。这个新世界既被认为是罪恶的、不公正的，但也被视为最不可估量的希望之源。对于今天在匈牙利或斯洛文尼亚边境的铁丝网前苦苦挣扎的移民来说，欧洲与他们自己所在的世界相比，是一个强得多得多的就业、福利与安全提供者。当我们想到这一点，在21世纪的第一个十年，发达国家的就业人口仅增长了1 500万，而发展中国家增长了4.45亿；最近十五年来，意大利的就业人口数目下降的同时，尼日利亚却新增了2 500万就业人口……天堂于是在人们的想象中占有了一席之地，并最终把人们动员起来！但人们梦想登陆的这个天堂还包括法国的"9-3省"＊或比利时的莫伦贝克区这样的领土，完全缺乏社会融入，而且那里生活着的男男女女可能有时认为自己是全球化了的现代性的牺牲品，有时又是反对不公正且邪恶的秩序的斗士。

走向新的国际关系社会学

无需多言，社会这样地出现在世界舞台上，对于国际关系研究来说是一场真正的震撼。面对这场对既有图式和常规概念的突然质疑，我们发现有两种应对方式：一种是无视的态度，让人觉得好像实际上什么都没有改变一样；另一种是勇敢但没有成效的尝试，试图彻底反思整个学科。应该说否认现实的策略取得了一定成功。在国际关系研究者群体中，这一否认策略尤其支持了主流学派的发展，即各种"现实主义"（réalisme）的信

＊ 9-3省是法国巴黎郊区塞纳—圣德尼（93省）的俗称，以秩序混乱、毒品、暴力、犯罪等著称。2015年巴黎11·13恐怖袭击事件后，法国当局在该地区发起嫌疑人抓捕行动。——译者注

奉者,他们总是把国际关系视为国家的专属猎场,根据权力竞相逐鹿。[5]在他们看来,"权力政治"(power politics)依然是国际关系最基本的内容,新要素——经济、社会、文化等——出现还只是一种边缘性现象,并不能真正改变国家行为及其外交。

这种回应方式在冷战时期以及"和平共处"时期尤其有吸引力,当时的两极格局看似保存并以某种方式"冻结"(geler)了权力政治的一些经典概念。这种对现实的否定态度一直延续到两极格局结束以后,而且还影响了实务者:一位法国前外交部长最近解释道,社会与公众舆论不应该插手外交事务,后者根本不是他们的职责,在外交舞台上接纳公众舆论如同在手术室接待患者的家属。

如果想要理解这种奇怪的比喻,就应该看到社会行为体已经在手术区里很久了,如实地接受他们才是明智之举,否则可能会使他们采取一些徒劳无功的计策:认为我们能够一直将其拒之门外是完全不现实的,也是不合时宜的。事实上,不仅不能保证职业外交官总是成功,而且,非国家行为体的无能也非先天注定。在某些情况下,非政府组织的行动最有力地促进了重建和平,就像印度尼西亚的亚齐(Aceh)和莫桑比克的例子所展示的那样。在第一个例子里,亨利·杜南人道主义对话中心在谈判进程中发挥了卓著的作用,使印度尼西亚政府与北苏门答腊分离主义叛军于 2000 年至 2002 年间达成了和平。在第二个例子中,没人能够忽略圣艾智德(Sant' Egidio)团体在调解内战中发挥的作用,1976 年至 1992 年,内战在莫桑比克国民抵抗军(Renamo)与莫桑比克解放阵线(Frelimo)[*]之间爆发……这些实践——统称为"二轨外交"(track II diplomacy)——是绝不可忽视的,它把私人行为体动员起来,我们应该庆幸能够在手术室中接待他们。

在自由主义者[6]这边,又完全是另一种反应。对他们来说,社会的出现不过是肯定了他们最初的直觉;而且为他们长期以来被视为乌托邦的理想赋予了合法性。自由主义思想的核心在于,个人与贸易的好处昭示着一个时代的到来,社会性力量将带来和平:他们于是满怀热情地欢迎非

---

[*] Renamo,全称为 Résisitance Nationale du Mozambique,Frelimo,全称为 Front de Libération du Mozambique。——译者注

国家行为体加入国际游戏,但前提是只能通过贸易的普及和民主的胜利实现。威尔逊的学说仍然是自由主义者的主要灵感。

他们就这样沉浸在"愿望思维"(wishful thinking)*中,而没有看到社会真正想要表达的,以及新时代将真正带来的东西。对此要有清醒的认识:与当今国际关系危机相关的主要问题不是民主化进程,或强化经济交流能够解决的,它们首先与社会解体的状态有关,这影响了相当多国家。新的冲突与社会紧张不可能遵循西式民主化的线性目的论设计得到解决,似乎只需要借助一套老办法就能够在任何时间与任何地方鼓励民主化,新的紧张冲突要求应用政治干预的新手段;它还期待一套国际合作的新逻辑,不能对各种新兴的非国家行为体预设立场。民主工程经常是虚幻的、表面的,依附于一个天真的想法,即只要投票就足以实现民主,而没有预先确保获得基本的公共自由,特别是没有建构一种能够真正形成社会契约的社会关系:源于自由主义理想的"转型学"(transitologie)**的大量文献似乎都忽略了这些内容。

事实上,社会进入国际舞台既涵盖了最好的情况——比如,2003年2月15日,1 500万人上街游行反对伊拉克战争——也激发了最糟糕的情况,比如,社团、部落或宗教紧张局势滋生了社会中各种各样的激进性,这些社会再也无法以国家作为有效的组织形式。现实比某些自由主义幻想所能想象的要更加复杂而难以捉摸。

关于这两种概念困境的替代性方案在于建立一门对两种主流视角均持开放态度的真正的国际关系社会学。首先,国际关系不能被视为一个孤立的领域:它和其他社会现象一样,也是由社会事实构成的,而且也嵌入在我们日常生活世界的机体里,尽管在一个独特的层面。其次,国际关系的形态(configuration)将不会,而且可能永远不会再只受国家的动议影响,因为国家日益倾向于对社会力量作出回应,而不是对其施加影响。这些社会力量是一系列深刻变革的结果,比如通信的强化、发展、

---

* 可参见罗伯特·杰维斯在《国际政治中的知觉与错误知觉》中所归纳的几种常见的错误知觉,其中包括愿望思维,即一厢情愿的想法使决策者无法认识到自己愿望之外的因素。——译者注

** 转型学又译"过渡论",在政治学、国际法和比较法学、经济学中研究从一种政权或制度类型向另一种政权或制度类型转变的进程。——译者注

城市化、人口压力、移民、社会流动性、集体想象、社会暴力等。尤其不能忘记羞辱、失落、失败与愤怒的重要性，它们已成为国际生活中不能不面对的社会情感。今后的国际生活本身也会更多地随着社会愤怒的节奏演变，而不是根据"冷血怪兽"（monstres froids）* 国家的外交节奏而变化。

　　世界不是一日铸就的，科学当然也不是。我们能够在一个可接受的滞后期限内，建构一门精致而准确的国际关系社会学，满足时代的挑战和要求吗？当然，朝这个方向已经有很多引人注目的努力了。[7]但是我们目前还难以看到这门新学科的建立，它更侧重实证研究而不是理论建构。也许是时候向社会科学伟大的奠基人们回归了：涂尔干、韦伯、马克思或滕尼斯。[8]国际关系不应该只是一种权力关系分析，而应该成为一门研究"社会构造"（tectonique des sociétés）**的科学。

注　释

1. S. Huntington, *Le Choc des civilisations*, Odile Jacob, Paris, 1997.

2. *Cf.* J, Habermas, *L'Espace public*, *Archéologie de la publicité comme dimension constitutive de la société bourgoise*, Payot, Paris, 1988.

3. B. Anderson, *L'Imaginaire national. Réflexions sur l'origine et l'essor du nationalisme*, La Découverte, Paris, 1996.

4. J.N. Rosenau, *Turbulence in World Politics: A Theory of Change and Continuity*, Princeton University Press, Princeton, 1990.

5. R. N. Lebow, 〈Realism in international relations〉, in B. Badie, D. Berg-Schlosser et L. Morlino（dir.）, *International Encyclopedia of Political Science*, Sage Pub., Thousand Oaks, Los Angeles, tome 7, 2011. 在国际关系理论中，现实主义把分析建立在权力至上的假设上，权力驱使国家在国际舞台上相互竞争对抗，唯一的目标是实现国家利益最大化。

6.（自由主义者）主张自由与个人主义原则，国际关系学界的自由主义者与现

---

　　* 引用尼采《查拉图斯特拉如是说》中的名句：国家是所有冷血怪兽中最冷酷的。——译者注

　　** 此处使用的是地质学的"构造"一词，系作者援引德裔美国社会学家阿米太·爱兹安尼在1968年《活跃的社会》（*Active Society*）中的说法，意思是把世界看成由一系列活跃的社会（而不是国家）组成，社会之间保持着持续的动态关系，可能会出现对抗，但也会有创新与融合。参见作者的另一篇文章 B.Badie, "Un monde par le fil des sociétés", *La Pensée*, No.387, 2016/3, pp.21—27。——译者注

实主义者相反,倡导法治、贸易,以及受制度约束的权力。

7. 特别要提及詹姆斯·罗西瑙(1924—2011)的作品,其中最重要的一部,《世界政治中的动荡》,恰好出版于 1990 年,两极格局的幻象破灭之时。

8. G. Devin(dir.), *Dix concepts sociologiques en relations internationales*, CNRS Editions,Paris,2015.

第四章
新 世 界 概 览

国际舞台再也离不开同社会行为体，它们的行为、文化以及期待：发展到这一步我们经历了漫长的路程，自从欧洲协调把具有相同精神与文化的王公君主们联合在一起以来……今天，外交官的游戏总是受全球化密度的影响，以及彼此相遇，甚至相互碰撞的历史的复杂性影响。

两极格局的终结孕育了一个幻象，就是美国独坐在霸权的宝座上，我们在前文解释过，这是一种历史上极为罕见的现象，然而直到1989年，单极霸权的愿望只能在二元政治的基础上实现，面对苏联并与之相伴。我们还看到，柏林墙倒塌之后，单极幻象不过维持了三四年而已。

即使北约继续存在，即使"西方家庭"（famille occidentale）的观念得以延续，"阵营主义"（campisme）的终结与保护逻辑的削弱也极大地疏远了大西洋盟友之间的关系，以及北方世界首领与南方世界附庸的关系。事实上，构成单极时刻的幻象与一件外在于苏联阵营崩溃的事件相关：萨达姆·侯赛因入侵科威特，以及形成了一个在安理会第678号决议的权威下驱逐伊拉克军队的广泛联盟。濒临解体的苏联对决议投了赞成票；中国投了弃权票。美国"领导权"（leadership）看似如此无可非议，以至于联合国秘书长哈维尔·佩雷斯·德奎利亚尔感到他的角色几乎被一位美国将军，就是指挥多国部队开展"沙漠风暴"行动的诺曼·施瓦茨科夫取代了。

华盛顿从此以后主导世界、全盘皆赢的观念被同时出现的"软实力"（soft power）飞跃所强化，这是一种柔性的、吸引式的主导形式，通过从消费模式（尤其是文化消费）以及从美国引入的集体想象表现出来。海湾战争被一致认可的胜利、北约的续存、按照关于中东问题的马德里会议模式发起的外交创举,这么多重大事件使一些人看到了希望,美利坚超级强国能够凭借其政治、外交和军事实力解决地球上的一切冲突。事实上,一种犹如神助的行动层面的多边主义第一次使"国际社会"(communauté internationale)的概念具体化,而且体现在唯一有能力主导国际社会的美国霸权中:这对美国来说是一项巨大成功,对其他国家而言,当它们之后回味时,则不无苦涩。

霸权的幻象与失望

战胜萨达姆·侯赛因与北约的续存之间当然有直接的关联。1989年到1991年发生的事情在较小规模上重演了1945年的经历:美国用把世界从纳粹恐怖中拯救出来的方式赢得了对苏维埃敌人的冷战,而权力政治紧接着又被唤醒,用来阻止科威特,一个主权国家、联合国成员,被贪婪而且危险地实施独裁统治的邻国兼并。北约在理应解散的时候忽然变得充满了吸引力!

美国权力看似所向披靡的特征甚至还在当时的大学辩论中体现出来。当然,建立在权力至上基础上的分析模式已经开始受到了严肃的批评,批评者无不强调全球化带来的贸易发展,以及与南方世界崛起有关的紧张压力,但是,两极格局的终结与美国凭优势胜出的新形象却促进了"新现实主义"(néo-réalisme)的兴起,代表人物是肯尼思·沃尔兹,其代表作与"第二波冷战"(seconde guerre froide)[1]同年问世,之后,约翰·米尔斯海默在2001年《大国政治的悲剧》中重建了"霸权主义"(hégémonisme)[2]的思想并提出了"进攻性现实主义"(réalisme offensif)。[3]作者执迷于斯宾诺莎的"自然倾向"(conatus)*,即所有人倾向于把权力最大化的努力,而且很乐于提醒我们,是强大的美国1945年解放了法国,1989年解放了东欧。面对这一事实,没有什么可以回应的了,辩论到此为止。

然而,这种确定性终究还是被动摇了。当战火再次因南斯拉夫冲突

---

* 自然倾向(conatus)是斯宾诺莎在《伦理学》中提出的一个概念,指趋向于自我保存和力量增长的本性,可以理解为权力欲。——译者注

在欧洲点燃，中东也很快继续扮演"大国形象干扰器"（brouilleur d'image de puissance）的角色。当巴尔干冲突重新激发了俄美之间的紧张和莫斯科的雄心，俄美协商共识也在伊拉克土崩瓦解，因为俄罗斯越来越难以接受华盛顿对萨达姆·侯赛因施加的军事压力。然而，并未出现我们以为会重生的古老的大国竞争，一种不同的画面出现了："弱小者"越来越有能力表达自己的观点，重构游戏，用伤害代替实力，而"强大者"对"小兄弟"主要是迁就顺从而不是保护……

但是，主要的问题不在这里：全球化与去极化（dépolarisation）的新时代不仅表现在权力的大幅贬值，而且表现在对自主性的竞相追求中。与两极格局相联系的保护与联盟逻辑的削弱使一些最忠实的盟友从美国保护伞下脱离出来。德国就是这样转向了一种中立主义立场，或至少远离军事和地缘战略博弈，这却使其充分实现了在欧洲地区的经济霸权。我们还发现，加拿大，美国的忠实邻邦，在让·克里斯蒂安的领导下与华盛顿保持了一定距离。土耳其，昔日北约对阵苏维埃世界的前哨，也赢得了一定的自主空间，特别是在 2003 年雷杰普·塔伊普·埃尔多安与具有强烈伊斯兰主义倾向的土耳其正义与发展党（AKP）上台执政以后：一旦苏联不存在了，大西洋联盟就应该成为一个多重性的同盟。北约的目的性越发成为一个问题，特别是当它开始把军队派到远离大西洋地区的前线，比如帕米尔高原，或非洲之角周边，这些干预范围与北约创建时的目标没有丝毫联系。

最重要的是，权力的有效性面对新形式的冲突与暴力不断销蚀：我们着实进入了 21 世纪。可以说 2001 年 9 月 11 日是一个具有转折点意义的日期，一个新世界就此诞生。事实上，它只是一种前所未有的暴力形式慢慢出现的最直观的征兆。这种新暴力在其所到之处清扫了威斯特伐利亚遗产的所有假定，它们支撑着 17 世纪以来西方的外交，而政治领导人大多并未意识到。忽然之间，主权失去了意义，而且难以与安全的基本概念相适应；暴力不分边界，而且，美国历史上第一次在本土受到了挑衅，而领土性的概念本身也被颠覆。再也没有集中而统一的战区（théâtre d'opérations）了，只有相距遥远的战场之间非欧几里得式*的联动：世界贸易中心成为一

＊　借用欧几里得距离的概念，即两点之间直线最短。在此表明空间距离概念的改变。——译者注

场冲突的临时中心,但其真正的重心在中东,同样地,2015 年 11 月法兰西岛"附属于"美索不达米亚北部的战场,把包括市郊在内的整个布鲁塞尔大区(巴黎恐怖袭击的几名杰哈德主义者出生在这里)卷入这场对传统地理概念的挑战中。

美国反应的三个阶段

我们于是离开了克劳塞维茨的世界,在那里,国家作为对手用各自的军队和国家机器相互对抗,计量单位是最严格的字面意义上的军事实力。面对实力的骤然贬值,美国的反应可以分为以下三个非常不同的阶段。第一个阶段当然是新保守主义时期,我们在上文提到过。面对 9·11 事件所展示的、立即被贴上"野蛮"(barbare)标签的新暴力,美利坚超级强国挥舞着文明的大旗,采取了一种救世主式姿态:美国要通过自己承受的苦难与牺牲,拯救世界于邪恶之中。结果导致了一种危险的摩尼教("凡是不站在我们这边的,都是我们的敌人")*,在乔治·W.布什两个总统任期内得到了充分体现。著名的"转型外交"(diplomatie transformationnelle),以及后来的"政权更替"(regime change),涵盖了三重目标:在世界上到处干预以遏制罪恶力量,彻底摧毁它,用良善的秩序代替邪恶的秩序。结局就是一场伊拉克灾难,我们至今仍在为其后果付出代价。

第二个阶段是怀疑时刻,正是被伊拉克战争(大约耗费了美国政府 1 万亿美元的预算)的挫败与僵局所激发。在大学的辩论中,自由主义分析再次占据上风。"软实力"重新变得流行;多元主义理念与威尔逊式弥赛亚主义情怀——它们本身都是美国文化基因的组成部分,而且有时候相互矛盾——重新恢复甚至被再度重视:全面考虑各种因素,世界也应该是多元的。

就在这一怀疑阶段,举行了 2008 年 11 月的美国总统大选。对新保守主义"傲慢"的反叛集中体现在一位形象全新的候选人身上。巴拉克·

---

* 2001 年 11 月美国总统小布什与法国总统希拉克共同出席新闻发布会上说到的一句名言,表示在反恐战争中没有中立立场。——译者注

奥巴马从任何角度看都是新的。用我们今天的说法,他来自"多样性"(diversité)中。他是首位黑人总统,也是在整个伊拉克战争期间始终反对美国干预的少数政治领导人之一。最后,他坚持一套积极主动("是的,我们能做到")、主张变革的话语,能够很好地吸引选民,他们的人口构成已经发生了深刻变化,几乎可以称为少数群体(黑人、西班牙裔、新移民等)的联盟,而新保守主义者没有预见到这一新联盟的形成。

　　一旦当选,奥巴马就开始以自己的方式兑现变革的承诺。这位新的美国总统并不是一位鼓动者:他不寻求强力推动变革。这也是一位对美国边缘化群体与贫苦人民有着深入了解的领导人:对他而言,医疗系统改革,即"奥巴马医改计划"(Obamacare),从一开始就是一个远比对外政策重要的议题。特别是在他刚当选时,国际问题已经不再占据政策思考的中心位置:新保守主义的热情业已熄灭,"阿拉伯之春"还尚未发生。随着伊拉克战火逐渐平息,欧洲开始进入了经济发展低潮,使之无暇顾及地缘政治和战略问题。

　　奥巴马的首个任期主要是要清扫新保守主义的败局:从伊拉克撤军,小心翼翼但仍徒劳无功地推动巴以冲突和解,在阿富汗采取非常审慎的策略。巴拉克·奥巴马并不反对在阿富汗的干预,甚至认为伊拉克的行动分散了美国在阿富汗的努力。当时美国的首要任务是消灭乌萨玛·本·拉登,2011 年 5 月 2 日,这一任务完成。但这没有构成根本性的转折,特别是出于国内政治的原因,奥巴马有希拉里·克林顿作为国务卿,而她秉承了对外政策中的古典主义。

　　奥巴马首个任期在国际事务中的成果是多少有些令人失望的,主要的突破体现在理念上,比如在 2009 年 6 月 4 日的开罗讲话中,美国国家元首首次承认世界的多元性,或者在次年 9 月 23 日联合国大会的发言中,他宣称重要的是"各国人民之间的新纽带",重建了被其前任嘲讽的多边主义。然而,他的第二个任期,表现出更多的务实与主动。奥巴马是首位几乎明确承认他的国家不再有能力承担霸权式"领导权"的美国总统,而这种领导权是他的前任们试图保存或发挥的。也许只有一位来自少数群体的政治家才能够体会到,霸权式领导权是一种不可能实现的理想,应该在国际体系中构建一种真正意义上的他异性(altérité)。

　　如果观察美国长时段的历史演变,大家会同意有两个特征鲜明的阶段相继出现:第一个是孤立主义,1823 年随着门罗主义成为官方立场,第二个,则是帝国主义与普世主义,这是参加两次世界大战、冷战及其后续经历的产物。我们可以设想第三个阶段的肇始,也许十分短暂,那是一个建立在多元性基础上的世界,就像美国总统在开罗演讲中首次阐述的那样。这段历史是有意义的,因为每个历史阶段都建立在一种特定的美国文化元素之上:第一个阶段的基础是美国例外主义,第二个阶段是弥撒亚主义,第三个可能的阶段是多头政治(polyarchie)和多元主义,这是大西洋两岸长期以来形成的政治理想的重要组成部分。我们尤其能够在势力均衡的古老话语中找到这些思想。但是,巴拉克·奥巴马首次让人感到,美国文化中的这一基础性理念能够深入国际事务领域,用文明多元性的话语取代亨廷顿的"文明冲突论"。

历史也许会铭记奥巴马第二个任期的一个原因在于他与以色列的"反目"(fâcherie),这是美国对外政策的一次极不寻常的转折。从来没有一位美国总统这样明显地与以色列政府首脑拉开距离:在定居点问题上,在对伊朗采取什么政策的问题上,在巴以冲突解决的前景问题上,他们的分歧远远超过了 1990 年老布什与伊扎克·沙米尔的争吵,当时的美国总统为此遭到了猛烈的批评。结果并不尽如人意,因为以色列分毫没有改变对巴勒斯坦的政策,但美国对以色列长期一贯的顺从(suivisme)政策却第一次被打破了。

巴拉克·奥巴马显然因其所处的不利背景而屡受挫败,他的很多举措都陷入瘫痪。他与中国、俄罗斯接近的想法也受到阻挠,每一次都被其同僚坚守美国地位的决心挫败,尽管是在一个越发不平等的世界里。这尤其妨碍了弗拉基米尔·普京重建俄罗斯权势的雄心,俄罗斯过于粗暴地从全球治理版图中被抹去了。得出的教训是清晰的:一场权力危机出现于世纪之交,充满了多重不确定性,有人权力贬损,而有人过分炫耀权力,两者交织共同导致了一场追求地位的疯狂竞争,每个国家都努力在一个已经解构的世界里保住自己的等级。

然而,2015 年 7 月 14 日就伊朗核问题达成的重要共识,也是奥巴马孜孜以求的,意义超出了其正式目标。在这一协定背后出现了一个全新的思想,就是中东地区可以存在合法的地区大国。虽然没有公开承认要由这些地区大国解决地区问题,对此最强大的国家已经证明全然失败了,但这一思路得到继续推进。协定签署后不久，伊朗就加入了解决叙利亚冲突的进程中。

在相同的趋势下，尚在进行的、与古巴的和解也体现出美国看待拉丁美洲的新视角；美国对非洲表达了一种更具持续性的关注，而且也更加关心关系到人类公共物品的重大问题，比如环境与气候变化。

当然，多元主义的新世界尚未成为现实，对这一新取向的反动趋势也在美国各处有力地抗拒着。经济利益与军工复合体的影响是不容否认的，茶党的煽动者毫不松懈地抵制着，权力政治（realpolitik）与硬实力（hard power）的倡导者仍然具有强大的影响力。不用说，2016 年 11 月的总统选举可能将古老的帝国观念的支持者带回白宫。要把有 250 年历史之久的弥赛亚主义政策束之高阁并非易事。

软实力的吸引力与局限性

无论如何，说美国"衰落"（déclin）是荒谬的。首先是因为，就传统的权力手段而言，没有什么真正的衰落：美国有占世界 43% 的军费支出，拥有世界上最强大的军队，最先进的技术资源。然而，是权力本身的有效性降低了：即使是博茨瓦纳或危地马拉拥有了这样的权力，结果也是一样的……面对我们所描述过的新型冲突，传统的权力手段，特别是军事手段，不再有用了。20 世纪 80 年代以来勃兴的著名的"军事革命"（révolution dans les affaires militaires）——几乎与苏联战略思想演变同时出现——今天看来也过时了。"零伤亡"（zero mort）、射后不理（fire-and-forget）、远程战争（guerre à distance）等军事学说，以及用无人机无区别地打击没有防备的人民连同设定目标的幻想，都不适用于并非国家行为导致的冲突，这是从社会机体中"渗出"（suinter）的冲突。这些军事学说的作用甚至是适得其反的，可能把冲突变成当地"暴力领袖"（entrepreneurs de violence）[*]

---

[*] 参见作者于 2015 年巴黎恐袭事件之后接受的一篇新闻访谈《"伊斯兰国"——暴力领袖》：https://fr.euronews.com/2015/11/17/bertrand-badie-etat-islamique-des-entrepreneurs-de-violences。——译者注

的游戏。

但是美国的软实力——这种通过文化产业与消费社会传播的宣扬美国生活方式与想象(imaginaire)的能力——影响如何呢？在拉丁美洲，左翼政府大肆宣传的不无尖刻的反帝国主义话语丝毫没有减少美式理想对当地民众的吸引力。

为了理解这一复杂现象的具体机理，有必要指出救世主式普世主义文化与不追求普世化的文化之间的显著差别。中国文化就属于第二类：凡是发生在中央帝国(l'empire du Milieu)边境之外的事情，中国人几乎不太关心，除非他们的切身利益受到了影响。当中国的外交官和商人来到非洲，他们完全没有兴趣要把这些国家建构成中国的"小兄弟"。也许这是因为中国从来没有被真正的宗教文化主导过：无论如何，中国对普世化与传播文化的关切总是最薄弱的，当然，这是就帝国影响范围，也就是远东地区之外而言。这是一种强势与弱势的混合。而普世主义与此不同，它是实力的外显，令人生畏，而且没有哪种文化比美国文化更显著地体现这一特征。

事实上，美国软实力的真正对手难道不是一个潜在的伊斯兰帝国吗，它也受真正的普世性弥赛亚主义主导，深信自己肩负着向外传播启示的责任，而自己也是神祇的承载者？这不就是许多张力、相互斥责、畏惧甚至憎恨的关键所在吗？与这些感受相伴的迷思难道不会越发强烈，如果一方过分地担忧丧失霸权，而另一方则不断累积怨恨、忍受屈辱、坐视种种不平等？

美国的软实力仍是一个不争的事实。美国拍摄了不足世界10%的电影，但却占据了50%还多的世界电影放映时长。在食品、服装、娱乐、音乐等消费方式中，美国模式比其他任何模式都更受欢迎。然而，软实力从未能够成功替代硬实力：喜欢可口可乐或詹妮弗·洛佩兹并不会让人拥护美国的对外政策。如同拉丁美洲的例子所证明的那样，消费模式的美国化十分严重，但人们仍然不会赞同"外国佬"(gringos)的对外政策。更不用说中东地区，人们的生活习惯越来越像在复刻美国模式，但同时，公众舆论中的反美主义(antiaméricanisme)情绪也在不断地刷新纪录。这是一个重要的教训："美国梦"远没有对政治行为产生预期的涟漪效应，对政治霸权也没有多少支撑作用。

软实力甚至还会被那些原本是影响对象的人们利用并反作用于美国。中国政策的长处就在于向美国输送最优秀的学生，一旦他们回国，就能融合关于美国和中国的知识技巧，以弥补太平洋两岸能力上的差距。至于美国，由于对自身的优越性深信不疑，只"输入"学生却很少输出，所以无论他们在技术上多么领先，仍无法摆脱单一文化（monoculturel）教育的局限性。或许当大量美国学生涌向中国大学时，美国的主导地位能够更好地保证：全球化重视相互依赖与相互性的价值，而不是西方国家所做的那样。

俄罗斯：挫败的帝国

谈到旧大陆在当今国际体系中的地位问题，就不能不检视其同俄罗斯的关系，因为俄罗斯显然是古老的欧洲权力游戏的主要行为体。1989—1991 年的一系列事件让西方认为，冷战虽然从未导致直接的军事冲突，但是以西方阵营的胜利而告终。这一"不战而胜"（victoire sans batailles）的幻象显然没有考虑到 3 000 多万人在战争中丧生的事实，这些战争看似只是"和平共处"的悲伤"债务"（ardoise）。如果把朝鲜战争、越南战争、非洲和去殖民化进程中的诸场战争加起来，伤亡人数比第一次世界大战的总和还多 3 倍。

在这一被忽视的记录之外，我们还经常过于简单地认为可以给俄罗斯贴上一个"战败的大国"（puissance vaincue）的标签，并且实际上也这样对待她。我们也过早地认为，苏联的失败意味着新自由主义作为默认的、唯一的思想体系的确立。人们还从中推论，西方治理世界的时代降临了。我们于是又回归到 1815 年维也纳会议时代，只不过这一次，俄罗斯没有参与其中。精神与方法都是相似的。在联合国安理会作用相对边缘化和"五常"（P5）事实上（de facto）演变为"三常"（P3，美国、法国、英国垄断了绝大多数决议草案）的同时，全球治理向七国集团模式转移，主要由西方国家组成（日本在其中更像是一个"远西"* 国家）：这一模式很晚（1997

---

　　* 远西（Extrême Occident），相对于通常的"远东"（Extrême Orient）来说，指日本在政治文化上更接近西方。——译者注

年)、很短暂(不到 20 年,从 1997 年到 2014 年),而且事实上也很表面地变成八国集团,把俄罗斯包含进来。

将俄罗斯作为冷战的"战败国"完全不符合俄罗斯人民的期望,他们认为自己是从一个寿终正寝的苏联秩序中解放出来的,因此没有任何理由应受"战胜国"的"惩罚"(puni)。他们还保留着数个世纪以来共同治理世界的记忆,这几乎是他们身份认同、也是他们世界地位的构成性因素:因此,西方"战胜国"的惩罚当然被视为不公正的,几乎自动成为俄罗斯巨大挫败感的源泉。俄罗斯怨恨的主要对象是西方排他性的全球治理主张,以及与之配套的制度设计。

我们不能忘记,俄罗斯有一段帝国历史,甚至是一个恒久的身份,而帝国总是比民族国家更难以接受失败。民族国家可以很快在失败中恢复,而帝国首先感到受损的是对影响力和主导权的追求。剥夺俄罗斯的世界大国地位显然滋生了极强的复仇主义冲动。在鲍里斯·叶利钦时代,这些冲动大体上能被控制,因为苏维埃世界解体的直接影响过于含蓄,以至于俄罗斯总统不必举起帝国的旗帜予以回应。但到了 1999 年普京执政的时候,情况就不同了。

柏林墙倒塌后不久,俄罗斯就几乎被排斥在所有的治理机制之外,除了还保留着联合国安理会常任理事国的席位。同时,所有昔日的"人民"(populaire)民主国家都加入了北约和欧盟。从莫斯科的角度来看更糟糕的是,一些苏联加盟共和国,比如波罗的海诸国,也被这两大集团整合进去。乌克兰,甚至格鲁吉亚未来可能加入北约或欧盟,更无助于减轻俄罗斯的孤立感,甚至被包围感,今天的俄罗斯有一种和 1917 年一样被排斥于世界大博弈之外的印象,但不同的是,这种被排斥感再也无法培育出任何革命冲动,以令其"拆散乐队"(faire la bande à part)。所有旨在让莫斯科参与欧洲或世界事务的机制——和平伙伴关系、欧洲安全与合作组织、欧洲—俄罗斯伙伴关系——都趋于停顿萎缩(tétanie)。因此,俄罗斯的反应越来越强烈而坚决,要在国际舞台上重新赢回地位,甚至不惜一切代价。

这就触及了新型国际关系中一个非常重要的因素:我们已经不那么为权力而竞争了,我们越来越不确定权力的作用,而且知道很难单凭权力与美国抗衡,大家其实是为获得某种地位,或者为被承认而斗争。在两极格局时代,地位是自动产生的:阵营的首领从定义上说就拥有"共治君主"(coprince)*的地位,每一个核国家也拥有太阳底下的一席之地。从今以后,追逐地位成为一种为保持等级而进行的长期斗争。

俄罗斯就是这一无止境竞逐的典型例子。首先,俄罗斯希望恢复其在边境上的强大存在,因为和所有的帝国一样,俄罗斯也执迷于管理帝国的周边。在摩尔多瓦,俄罗斯有德涅斯特河的问题;在高加索地区,俄罗斯努力将南奥塞梯和阿布哈兹从格鲁吉亚分离出来。还要注意到一些更为低调的举动——因为直接触及北约的神经——动员波罗的海国家中讲俄语的群体。莫斯科当局通过施展积极主动的外交,很快发现了后苏联(post-soviétique)地理空间中的"软腹地",聚焦这些容易"把玩"(jouer)的地区。从这个角度看,乌克兰具有范例意义,因为这是一个从民族—族裔定义上易于引发歧义和分裂的国家,更不用说克里米亚脆弱的地位,它被基辅归并是晚近的,也是可争辩的。但是,不是只有后苏联空间才是俄罗斯再征服的对象:与美国和欧洲不同,俄罗斯与中东地区直接接壤,并认为那里与其国家利益直接相关。

西方对俄罗斯权力重塑的反应可能算是笨拙的。我们并没有建立一个能让俄罗斯参与世界治理的新框架,反而只想着排斥它:八国集团于2014年重新变回了七国集团,乌克兰事件也被西方以欠妥当的方式管理着。在这一系列由伙伴变对手的失策行为之后,叙利亚—伊拉克危机为俄罗斯提供了真正的天赐良机,它毕其功于一役,几乎奇迹般地恢复了大国地位,而且十分令人信服地争辩说,重返中东不是为了反对西方阵营,而是为了反对西方的主要敌人"伊斯兰国"。目前就这段历史下结论还为时尚早,但可以观察到两件事情:俄罗斯看似成功地恢复了大国地位并与西方阵营平起平坐;但是,实力的相当也变成了弱点的相似,因为今后权力的运用不是为了重建地位——毕竟这是比较简单的——而是要治理世界,管理冲突,这就完全是另外一回事了。

俄罗斯另一项不可否认的成功在于构建起了一个盟友网络,尽管西方千方百计地孤立它。今天,莫斯科也许是唯一一个在中东地区拥有真

---

　　* 指兼任的、联合的统治者,借用法国总统同时兼任安道尔大公(co-prince d'Andorra)的说法。——译者注

正盟友的北方大国。它独力支持巴沙尔·阿萨德政权,而西方过快地想将其排除在一切谈判之外,而且俄罗斯与伊朗也维持着极佳的关系。更往东去,我们看到了一段经典俄罗斯帝国史的重演:当西部侧翼的事情不顺利时,俄罗斯总有转向东方的能力。伊凡雷帝(Ivan le Terrible)及其继任者都曾作出这样的选择,作为对西欧大门紧闭的回应,在利沃尼亚战争(1558—1583)中遭受一系列失败后,俄罗斯转向了西伯利亚:1628年抵达勒拿河,1637年建立了伊尔库茨克市。上海合作组织(OCS)于2001年6月成立,在俄罗斯和中国的支持下,把中亚诸共和国以及不久后的印度和巴基斯坦吸纳进来,算上观察员国,还有伊朗、阿富汗、白俄罗斯和蒙古。

最后,俄罗斯逐渐在由所谓"新兴"(émergent)国家组成的新世界里占据了主导地位,与中国、巴西、印度和南非一道加入了一个新的集团,即金砖国家集团(BRICS),我们之后会再讨论。当然,就像在中东地区总有深陷泥潭的危险一样,俄罗斯新的外交积极主义也面临着许多潜在风险。

当然,俄罗斯不得不承认,它没有能力向中亚国家提供排他性的保护。它必须适应自己影响力的损蚀,把加入一个非冲突性的东方阵营带来的好处作为可能的补偿。

欧盟错失的良机

欧盟本应该从冷战和两极格局的终结中获益,因为它被长期封闭在大西洋逻辑中,行动空间十分有限。从现代开始以来,欧洲历史上第一次不再是世界的战场。它再也不需要经受内部的军事紧张,如同它如此长久以来一直经历的那样,从百年战争到第二次世界大战;它也不再与苏联阵营处于军事对抗状态了。然而,欧洲不仅没有抓住这呼吸新鲜空气的难得机会,而且还向世界暴露了它自柏林墙倒塌以来所有的弱点。

一切要从德国的艰难统一开始——即使经济上的活跃繁荣已经成功地使人们忘记了这段历史——把前人民民主国家拙笨地整合在一起,结果却压制了一种刚刚萌生的欧洲新外交。这种新的外交其实在20世纪末已经初步显现:在多个峰会(威尼斯、塞维利亚、柏林)期间,欧洲就巴以冲突明确地表达立场,人们寄希望于它在这难以解决的冲突中发挥作用。然而,2003 年,面对美国入侵伊拉克,欧洲非但没能用一个声音说话,而且成为新老成员之间结构性分歧的牺牲品,即一边是法德联盟,另一边是由前人民民主国家——都准备要加入欧盟——与以大不列颠为中心活动的国家组成的阵营。

欧洲新外交刚刚兴起就已瓦解,这反映了一个非常关键的问题:欧洲还在为找不到世界上的自我定位而痛苦。最初,欧洲的经历在某种程度上是"内向"(introvertie)的:主要是终结其内部的战争,附带地考虑欧洲以外的国际事务。在去殖民化进程中,欧洲通过合作协定(1975 年《洛美协定》,2000 年《科托努协定》)与南方世界重建联系,但这些协定保持了欧洲地位的模糊性:它是世界中(dans le monde)的一支力量,还是仍想主导世界(dominer le monde)的强权? 同样,对于新兴大国,尤其是金砖国家,欧洲从未找到一种有效共处并合作的方式。

欧洲建构的另一个失败之处在于其管理内部变革的方式。第二次世界大战结束后,欧洲的演化动力只是基于一个非常简单(也非常美好)的想法,就是避免战争的回归,以及通过联合来预防战争回归。这不是要抛弃国家主权,而是要创建一种足够强大的伙伴关系,使任何层次的冲突都变得不再可能。

自那时起,欧洲就应学会应对全球化的冲击。也是在全球化进程中,欧洲联合的思路部分地奏效了。的确,欧洲是世界贸易中的头号行为体,排在美国之前。但是,当问题不仅在于要以更显著的优势参与世界经济竞争,还需要应对全球化的负面影响——特别是对受此影响严重的南部欧洲和爱尔兰而言,必要的变化并没有发生,欧盟也没能从联合(association)转向团结(solidarité):欧洲仍然建立在一种以利益相关(stakeholding)为基础的联合模式之上。当 2007 年到 2008 年需要共同管理损失(而不是共同分享红利)时,各国或民族主义的"各自逃命"(sauve-qui-peut)心态就占据了上风。然而,在高度相互依赖的经济体系中,弱小国家或被削弱国家的失败,比如希腊、葡萄牙、西班牙、意大利,明天也许轮到法国,会给欧盟整体的经济平衡带来致命的伤害。团结的想法最终未能奏效,这本应让欧洲,特别是德国认识到,帮助希腊摆脱困境对自身的中长期繁荣是有好处的。

这就是欧洲的困境,而且也对竞逐地位这一没有止境的问题产生了许多影响。今天,面对世界上的挑战、比如中东危机时,我们看到了美国—俄罗斯二元政治的变革,而欧洲仅仅在形式上被征询意见,这只是出于有点空洞而且有时虚伪的礼貌与客气。

新兴国家受阻的崛起

面对古老的欧洲,究竟谁是经常被谈论的、挑战欧洲的"新兴"国家呢?它们首先是一群闯入者(intrus),当两极格局开始出现衰弱的迹象、全球化也达到了巡航速度时,我们把这些新来的国家视为"新兴"国家。后来,我们更多提到南美的"美洲豹"(jaguars),主要是指当时的巴西与墨西哥,后来阿根廷摆脱反复发作的经济危机后也加入了这一行列。它们的确是闯入者,因为它们的地位在冷战期间被认为是极其从属性的,而且它们也从未在国际游戏中扮演过任何重要角色。因此,在新兴国家崛起的背后,通常有一段挫败与屈辱的历史。比如,一段被遗忘的历史就是巴西 1926 年砰然把国际联盟的大门甩在身后,因为当时它被拒绝赋予国联理事会常任理事国的席位。

从 20 世纪 90 年代开始,在两极格局消逝的氛围中,新兴世界中真正的"重量级"选手——特别是中国与印度——开始声称它们要追求新的地位以及与之相符的国际认可。在中印之后,出现了一支真正的"无名氏"(sans-grade)队伍,它们此前一直被贬为"第二梯队"(deuxième division),现在强烈要求进入"第一梯队"的权利。这对任何有记忆的西方人都产生了一种巨大的文化冲击。中国在他们眼中依然是一个古老的千年帝国的形象,尤其因两次鸦片战争、租界地,以及从满洲里到南京大屠杀[4]对中国主权与尊严的不停践踏而备受凌辱。印度,不列颠皇冠上的明珠,忍受着殖民大国在种族与文明上的双重傲慢:回想一下丘吉尔是如何平静地称呼甘地为"衣衫褴褛的法基尔"(fakir en guenilles)*。而且,几十年来,我们谈到巴西时只会想起"足球与桑巴"(le football et la samba)。

---

 * 法基尔(fakir)是印度教中的行乞者,伊斯兰教中受贫、禁欲的苦行僧。——译者注

　　最初,主要是经济指标吸引了观察者的注意,有时会引起老牌强国的嫉妒之心,但不会过分扰乱它们对自身霸权的确信。但是,有时竟会有接近两位数的经济增长,越发活跃而大规模地融入国际贸易循环,强大而有效的金融机制建设,特别是通过印度或巴西这样的国家的中央银行与发展银行,一种能够直接进入北方大国核心地带的投资能力:所有这些都不能让人无动于衷。

　　很快,人们意识到要看到这些画面中的微妙之处。首先,在经济领域,崛起几乎从来不是全国规模上的现象,而是相关国家内部的地方性现象,甚至是边缘性现象。比如,中国的沿海地区出现了经济腾飞,但广大内陆地区在很多方面仍属于第三世界的发展水平。印度创建了几个现代化中心,比如以信息产业著称的班加罗尔(Bangalore),但恒河流域的农民仍生活在穷困之中。在巴西,圣保罗和里约热内卢的中产阶级觉得自己与欧洲人没有什么两样,但巴西东北部仍是一个非常贫穷而且欠发达的地区。除此之外,尽管这些国家的经济能够在世界贸易组织中勉强形成一个同盟,但仍然保持着很强的异质性:巴西首先是一个农业出口国,而印度,很难实现粮食自足,更偏重向服务产业经济发展。最后,新兴国家经济增长曲线的无限扩张并不是确定的。今天我们不就在对巴西指手画脚,因为它又跌回到了经济负增长的状况,而中国正在失去高速增长的势头,印度虽然保持相对较好的状态,但难言其基础设施的巨大缺口不会威胁后续发展? 不要忘记,20 世纪 80 年代,人们曾以为日本的经济活力将扫清其发展道路上的一切障碍:美国普遍对此抱有妄想(paranoïa)。我们知道后来的实际情况是怎样的了。

　　如果说新兴经济体的中长期发展轨迹的确比我们一般认为的更加难以预料,但是不容否认,这些国家已经平等地进入了国际体系,而且不再仅占据某种卑微的地位,我们以为这种地位是他们专属的;有意思的是,不同程度上影响着新兴经济体的经济不确定性今天正在被一种不容置疑的政治能力所弥补。这一新特征体现在新兴国家日益活跃的外交中,能够左右逢源,连他们的经济发展弱点也成为一个理由,用来说明新兴国家是一只脚迈入了北方世界、另一只脚仍留在南方世界。它们扮演了为更欠发达的同类国家、面对北方世界争取利益的辩护士的角色。这就是巴西热衷于在非洲国家面前扮演的角色,它们保持了好几代人之久的人口与文化上的深刻联系,尽管这并不为人所知或未被重视。印度与南非也存在类似的历史亲和关系,更为个人化地体现在甘地的经历中,他曾在德班做了二十多年的民权倡议领袖。还有众多印度商人世代生活在非洲东部海岸。此外,在同非洲国家的关系中,中国也强调 19 世纪以来与撒哈拉以南非洲的命运与共,有基于被殖民经历的相同怨愤。这么多因素催生了一种南南外交,今后必须要认真对待。

在最近十至十五年间,南南共谋的趋势或许没有万隆会议或三大洲会议(Tricontinentale)[5]时代那样热情高涨,但无疑变得更持久、更现实,具有更重要的中长期政治经济影响。巴西举办了阿拉伯世界与南美洲之间的大型峰会,巴西前总统卢拉·达·席尔瓦曾多次出访西亚。来自中东地区的抗议者,特别是受以色列压迫的人民,在加拉加斯、拉巴斯和基多受到了热情接待,而伊朗前总统马哈茂德·内贾德昨天还在安第斯山脉,如同在自己家一般。这一盟友网络逐渐在国际体系完全失序的背景下形成,新兴行为体知道该如何利用其真空、短板和弱点。

新兴大国,除了中国这一明显的特例之外,都在为追求政治地位、而不只是由于经济地位上升而结交朋友。不止如此,一些新兴国家还以其所追求的地位的名义联合起来,就像其中三个来自不同大洲的国家 2003年 6 月 6 日创建 IBSA(印度、巴西和南非)三方对话论坛那样。这不只是一个常设的外交协调机制,而且也是一个涵盖经济、社会、文化或教育等各种合作项目的多边组织。IBSA 三方对话论坛不久后,在更大规模上,被金砖合作(BRICS)机制取代。很有趣的是,这是一个起初于 2001 年由外部观察家——美国高盛银行的分析师——发明的序列,后来这一集团包含了巴西、俄罗斯、印度与中国,再后来南非也加入进来(2011 年)。我们在前文提到过,弗拉基米尔·普京很快看出了这一联盟的政治利益,即可以帮助俄罗斯摆脱孤立,于是召开了一系列著名的叶卡捷琳堡峰会,这是普京发起的政治倡议,首届峰会于 2009 年 6 月召开,之后成为年度峰会。通过这些场合我们看到,尽管这些新兴国家彼此差异巨大,但面对西方干预或地区冲突时,采取了如此一致的立场。

南南轴心的建构——比过去更加务实、更少意识形态化,但可能更高效、更有前途——着实成为国际关系演变进程中最显著的特征之一。但是也不能过分夸大其影响,因为它们可能会遇到内部和外部的局限性。

就内部而言，南方世界不同行为体之间实力和资源上的巨大差异必然导致摩擦与矛盾，甚至激起与面对昔日殖民主义或新殖民主义入侵时相似的抵抗。

就外部来说，西方国家俱乐部无意被这些通常被评论为业务水平（amateurisme）的"暴发户"（upstarts）夺去外交主动权。这充分体现在2010年5月土耳其和巴西为解决核问题发起的联合倡议的命运中。这两位伙伴形成的协议草案与2015年7月伊朗和"5＋1"小组最终达成的共识相差无几。但这一值得称道的举措却很快被传统列强所联合抵制了：它们明确地告诉安卡拉和巴西利亚，不许在"大人的院子"（cours des grands）里玩耍。

另一个例子，就是二十国集团的命运。最初设立这一集团是在1997—1998年亚洲金融危机之后，作为一个单纯的财政部长会议，后来在2007年金融危机中接纳了新兴大国的国家元首，使之与七国集团或八国集团的寡头们并驾齐驱。在2008年11月以前，中国、印度或巴西的领导人仅被邀请参加峰会的"咖啡"环节（pour le café）*。从2008年开始，他们从二十国集团的首场会议开始就全程参与了：这一新篇章很快受到许多西方外交官的恶评，他们认为这样的会议变得"不可管控"（ingérable），并"变成火车站大厅"（tourner au halle de Gare）。于是二十国集团很快被边缘化，很多权限也被扼杀，如今只是在七国集团之后低调地开会。

这就是一种由来已久，而且可能会让西方付出沉重代价的轻蔑，因为新兴大国是有能力让美国和欧洲以一种更为高效的方式共同管理世界冲突热点的调节者。除了这种外交流放法（ostracisme）造成的浪费之外，危险之处在于新兴国家的调节能力会转变为不信任的源泉。由于被国际体系拒斥和边缘化，新兴国家不能有效地参与全球治理，而是转为采取一种抗议态度，一种系统性的批判立场，无论是对西方的干预，对"保护的责任"（responsabilité de protéger）的理论，还是对主权的伤害，或被具有排斥性（exclusif）并坚持排外（excluant）的小集团"据为己有"（confistiqué）的多边国际组织。

---

　　* 正式的西餐中咖啡和甜点作为宴会结束时的最后一个环节出现。意指仅邀请参加一些无关紧要的会谈。——译者注

中国：在低调与强硬之间

作为"新兴"（emergent）国家这一类别性质复杂的证明，中国在很多方面都很突出。首先，它不只是一个正在崛起的大国：中国追求在世界经济排名中与美国"并列第一"（première ex aequo）的地位。有人估计中国当前的国内生产总值（PIB）约为 15 万亿美元，尽管统计陷阱与幻象众多，这一数字也是说得通的。继续把中国称为"新兴"国家其实是因为，一个已经媲美美国并超过日本、德国、法国或英国的经济体不被认可为大国俱乐部的一员，这至少应该说是奇怪的。

另一处特例是文化上的：中国不是一个救世主式的国家。中国没有任何普世主义主张，至少自从它有能力参与国际游戏以来，中国对外政策很重要的一部分就建立在道家的"无为"（non-agir）原则之上：应对事物发展的最佳方式在于被动、低调或者后撤，这比通过全方位的积极行动主义管理世界事务更加高效、可行。只需要观察一下中国对当前重大冲突（叙利亚、伊拉克、以色列—巴勒斯坦、萨赫勒甚至邻邦阿富汗）的态度，就能够看到这种无处不在的隐退、审慎甚至沉默立场。

要理解中国的对外政策，就要充分认识到一种全面融入全球化并且成效卓著的经济与一种把效率建立在低调行事原则上的外交之间非同寻常的结合。正因如此，在安理会，中国很少介入，总是有所克制，而且几乎不动用否决权，除非其利益受到了威胁。同样，在伊朗核问题的"5 + 1"谈判中，中国总是最谦逊低调的。可以认为，中国进取型的经济积极主义与谦和的外交之间有一种相当有效的分工，这与西方普遍的干涉主义的傲慢态度形成了强烈反差。

也许，这一双重特征说明，中国非常高效而充分地利用了全球化。它成功地融入了全球化进程，凭借着不被任何麻烦的政治自负干扰或限制的经济活力。这一融入越发深入，由于中国能够超脱一切政治禁锢来理解政治竞争，只要政权与领土完整不受威胁，就应该相信一些人的经济成功不意味着另一些人的失败：中国反复强调的"双赢"（win-win）模式，明显地区别于西方世界痴迷的、对"敌友"（ami-ennemi）关系的施密特*式的执念。

地区空间是唯一的例外。中国也不能逃避普遍、客观规律的约束，即任何一个追求大国地位的国家都要首先确保在自身所处的区域成为地区强国，无论付出何种代价。由此，中国与日本、韩国、菲律宾、越南之间产生了一系列海上或边境争端。这其实也是一个在不同程度上影响着所有新兴国家的问题：巴西有时会被其他南美洲国家指责为"子帝国主义"（sous-impéralisme）**，土耳其对于其邻国，南非对于其他非洲国家，情况也是一样。

对于中国来说，这里有一个潜在的不稳定因素，与其他弱点共同构成了可能影响未来发展的重要风险。当这个国家三分之一的人口超过 65岁，而社会保障却不健全，会出现什么情况呢？

尽管这些潜在的弱点给未来带来了如此多的不可知性，但是我们不能忽视一个基本现实。如果说中国与众不同，那也是由于其文明的深厚度与强劲的历史轨迹，这是西方很容易忽视或轻视的一个重要维度。当我们在电视新闻中说起中国，通常是在污名化中国的产品，或者指责其对人权的侵犯。但是，媒体很少介绍中国几千年的悠久历史，它的文化与宝贵财富。

这种漠视对双方都有影响。对于中国，它孕育了叛逆的自信，掺杂着一些不解，很快转化为傲慢或高度敏感。至于西方，则难以理解通往未来的关键不在于推广西方模式，而在于承认他者的历史，因为他们的历史永远不会与我们的完全融合，而且也将永远闪耀着自己的光芒。

注　释

1. K. Waltz, *Theory of International Politics*, Mc Graw-Hill, New York, 1979.另，"第二波冷战"指苏联入侵阿富汗导致的美苏关系再度紧张。——译者注

---

* 卡尔·施密特是20世纪的德国法学家、政治思想家、哲学家，加入了纳粹党，深受马基雅维利和霍布斯权力与国家学说的影响，被称为"20世纪的霍布斯"。——译者注

** 子帝国主义，为法国地缘政治学家弗朗索瓦·图阿勒（François Thual）提出的概念，不是指更小规模的帝国主义，而是指为一种帝国主义服务的控制与主导形式，参见《控制与反对：地缘政治战略》（*Contrôle et contrer. Stratégie géopolitique*, Ellipes, Paris, 2000）一书中的定义。——译者注

2. R. Gilpin，*The Political Economy of International Relations*，Princeton U-niversity Press，Princeton，1987.

3. J. Mearsheimer，*The Tragedy of Great Power Politics*，Norton，New York，2001.

4. 1937 年 12 月，日本皇军屠杀了几十万中国平民，其中几万名妇女遭到强暴。

5. "亚非拉人民团结大会"(Conférence de solidarité avec les peuples d'Asie, d'Afrique et d'Amérique latine)主要由摩洛哥政治家迈赫迪·本·阿尔卡在其被暗杀前不久倡议并筹备召开，会议于 1966 年 1 月在古巴哈瓦那举行，齐聚了来自南方世界的 80 多个代表团，表达对解放运动的同情，对"世界革命"的支持，对帝国主义与核武器的反对。

第五章
不合历史逻辑的大国

　　今天的世界成为明显失败的去殖民化进程的"人质"。旧世界不愿接纳新来者加入所谓"文明"（civilisé）国家共同体。当然有一些例外，即使带有一定的模糊性，比如日本和拉丁美洲，但是，从1947年，印度同时实现独立与发生分裂的时刻，到20世纪70年代中期、由葡萄牙独裁政权倒台引发的最后一波去殖民化浪潮，没有人以合适的方式为新来者打开大门。也没有人能够为它们赋予某种地位，换言之，一种在国际关系中可以接受的地位，而不是扈从，甚至雇佣兵的地位。附庸化是西方列强自然的第一反应：殖民秩序结束后，我们立即重建了一个后殖民秩序，建立在把新近"解放"的国家划归自己托管的基础上。这就是不列颠建立英联邦（Commonwealth）的目的，或是戴高乐将军1958年谋划"共同体"（Communauté）的目的，以及后来著名的"法语非洲"（Françafrique）*的目的。但我们忘了，这些新成立的国家都有属于自己的历史，无法毫无损失地纳入西方民族国家的建构路径。

　　它们于是陷入了一系列冲突性互动中。首先，由于国家建构（nation-building）不足而导致的冲突：在去殖民化进程中诞生的国家只有非常表面化的制度，非常薄弱的正当性，而且没有被其所统治的人民很好地接受，这些人民也全然没有参与到国家建构过程中。似乎社会契约哲学，无论多么具有普世性，都只适用于欧洲或大致相当的范围。由于缺乏有机

---

　　* 法国—非洲两个单词的合成词，指法国把撒哈拉以南非洲前殖民地作为新殖民主义的势力范围。科特迪瓦首任总统费利克斯-乌夫修埃特·博伊尼（Félix-Houphouët Boigny）曾于1955年首次使用这一名词，指称与法国的特殊关系。——译者注

支持和社会基础,新建国家后来都不可避免地步入了过分专制独裁的歧途。面对一个失去社会凝聚能力的国家,动员只能在族裔或宗教性质的团体基础上实现,于是造就了一个四分五裂的民族共同体,甚至在这些分裂团体成为正式国家存在之前——这为我们今天所继承的一系列冲突埋下了伏笔。去殖民化的最后一个重大弱点在于,发展政策因为方向不明或根本没有方向而失败:由于无力向新建国家中的人民提供最起码的人的安全,产生了一种经济社会挫败感,很快成为新建国家中的地方流行病。新型冲突的所有要素都根源于此。

虚弱的国家与新殖民主义

新型冲突不像欧洲历史那样与国家之间的竞争有关,而是相反地,与缺少国家、缺乏制度以及社会慢慢解体有关。这一反常的势头正在逐渐不断上升。在非洲,1960年独立浪潮之初,冲突就开始接连爆发,从原属比利时的刚果开始,好几个省份,特别是加丹加省(Katanga)几乎立即从刚果分离出去。1967年,尼日利亚的一整个地区、比亚法拉(Biafra)也要求分离,引发了一场血腥内战。其他的灾难性冲突涉及苏丹、索马里、利比里亚、塞拉利昂、安哥拉、莫桑比克、乍得、卢旺达、布隆迪、科特迪瓦、马里以及中非共和国……

在中东地区,同样的国家建构缺陷从一开始就影响着正在形成的国家,这些缺陷曾一度被执政的极端个人化,甚至领袖崇拜所弥补。魅力型(charismatique)领袖很快遭遇了魅力常态化导致的困难:随着纳赛尔越来越难以激发群众的热情,他的政权变得越来越专制和具有压迫性。叙利亚和伊拉克的民族主义独裁政权接连不断出现,有时采取联合执政的方式,最终逐渐走向了单一领袖独揽大权的状况,比如巴格达的萨达姆·侯赛因、大马士革的哈菲兹·阿萨德。好像是为了弥补这些国家的建构不足,最高领袖都来自少数群体,比如叙利亚的阿拉维派,伊拉克的逊尼派。伊拉克的情况因其边缘化什叶派的历史而更加复杂,什叶派被看作"二等"(Catégorie B)伊拉克人,和"心向伊朗"(rattachement iranien)的伊拉克人，*因此积聚着屈辱与怨恨……在这种情况下，社会契约的根基远远没有随着国家政权的巩固而更加深厚，而是随着独立时代的远去和越发严重的独裁专制而走向瓦解。特别是由于这些国家不能为人民提供最基本的人的安全，社会根基就更加脆弱。阿拉伯世界甚至成为联合国开发计划署（PNUD）眼中人类发展指数退化的地区；此外，这一地区的经济社会不稳定还被管理不善的过快城市化而加剧，酝酿了社会紧张的根源。

然而，西方国家不仅根本没有为国家建构或民族建构提供帮助，无论在非洲还是中东地区，而且还经常从其国家、民族以及市民社会的萎缩中谋利。在它们看来，把这些国家附庸化变得更加容易了：事实上，没有什么比把一个不得民心的领袖附庸化更容易的事了，因为这样的领袖会越发地外向，依赖国际体系中的保护者提供的权力手段与利益。在正在形成的国家的瓦解过程中，有一点是令人感到放心的：它们越是虚弱与分裂，越不用担心出现反对西方列强的集体动员力量。正是本着这样一种原则，昔日的殖民大国挫败了非洲民族主义领袖们领导的泛非主义运动，比如朱利尤斯·尼雷尔、克瓦米·恩克鲁玛、巴泰勒米·波冈达。这也是美国 2003 年以来在伊拉克实施的策略，美国把伊拉克什叶派、逊尼派及库尔德人之间的分裂视作一个机会，挑动其相互斗争以更好地相互消灭。这直接导致了伊拉克民族国家的崩溃，以及"伊斯兰国"在伊拉克北部建立了伊斯兰哈里发统治。

在非洲，昔日的殖民大国经常为独裁者提供便利，对他们所做的坏事迎合地地闭上眼睛，甚至支持政权的个人化或帝国化（比如中非共和国，法国政府为博卡萨一世[Bokassa Ier]皇帝的加冕提供了资助），有时候还

---

　　* 伊拉克的公民身份根据 1924 年的第 42 号宪法修正案分为不同等级，"纯正的"（authentique）伊拉克人指原属奥斯曼帝国、现居住在伊拉克的公民，即"心系奥斯曼"（rattachement ottoman）的伊拉克人，他们在宗教信仰上为逊尼派，被标记为"一等公民"（catégorie A）；与此相对的是来自波斯或有波斯血统的伊拉克人，在宗教信仰上为什叶派，而伊朗是什叶派穆斯林的核心区与保护国，因此什叶派伊拉克人被称为"心系伊朗"（rattachement iranien）的"二等公民"（catégorie B）。参见皮埃尔-让·路易扎尔：《1920 年代的英国义务与伊拉克公民身份》，载《殖民冲突与伊斯兰》，发现出版社 2006 年版，第 401—407 页（Luizard, Pierre-Jean. 21： Le mandat britannique et la nouvelle citoyenneté irakienne dans les années 1920, Pierre-Jean Luizard éd., *Le choc colonial et l'islam*. La Découverte, 2006, pp.401—407）。——译者注

支持分裂主义运动,比如比利时在加丹加或法国在比亚法拉。1960 年 6月刚果独立时,卢蒙巴的马克思主义和民族主义取向被矿业公司视为威胁。这些外部势力认为支持加丹加分离主义事业是有利可图的,能够更好地控制地下的财富,打断新生民族追求自主性的冲动。在比亚法拉,讲英语的尼日利亚看似太大,而可能过于强大,以至于很难不阻遏撒哈拉以南非洲大陆上法国的影响。在这两个国家的情况中,地方分离运动都导致了长期的不稳定、战乱与欠制度化。

看待南方世界的工具性视角

去殖民化进程越是痛苦,就越有可能导致脆弱的独立与失败的前景。去殖民战争的特性在于以意识形态为抓手过度动员民众,使其领袖们偏离了创建新国家的根本任务:出于这个原因,第三世界大多数领袖都更多是军阀(chef de guèrre),而非建国者。具有征兆意义的例子是,阿尔及利亚政府从一场残酷的反殖民战争中诞生,但从来没有真正实现过稳定的合法统治。20 世纪 90 年代的内战几乎是对独立战争悲剧的机械式报复。同样,刚果去殖民化进程的悲剧性也在始于其独立之日的内战中得到了回应,而且这场内战自那时起就从未真正停止,尽管有一些短暂的间歇……

如果要真正支持独立,同时避免再次落入新殖民主义与附庸化的陷阱,就应该承认,不能机械地进口西方的国家模式,用以代替设计新的国家。如果一套政治制度既想要有合法性又想具有可行性,就应该在最大程度上适合当地的历史发展轨迹,而且制度设计应该尽可能紧密地同当地民众联系在一起。然而,在非洲与中东世界,完全外生性(exogène)的西方模式被投射进来,与这些国家的政治或社会记忆没有丝毫关联,甚至经常直接地与其文化根基相抵触。推广"舶来国家"(Etat importé)[1]是在普世主义的名义下开展的,这种普世主义过快地将西方的国家模式攫升为人类历史上最完善的表现形式。与前宗主国建立"特殊关系"(relations privilégiées)实际上对新建国家融入国际体系起到了祸害作用,给今天常见的昔日列强负有"特殊责任"(responsabilité particulière)的观念提供了信誉。法国政府经常用这一观念支持其在科特迪瓦(2010—2011)、马里(2013 年)或中非共和国(2014 年)的干预。这种把关系特殊性固化的方式使新殖民主义的框架得以保存,而且妨碍了这些社会正常的政治发育。

的确,新殖民主义的框架由于提供多样化的保护与合作而多少有些过度伸张。首先,苏联和社会主义阵营发起了保护与合作多样化的倡议,它们充分利用西方列强的失误,一度把诸如阿尔及利亚、几内亚、安哥拉或莫桑比克这样的国家吸纳到自己的轨道中。第二波"供给多样化"(diversification de l'offre)来自新兴国家。巴西、中国,甚至印度,或者日后的土耳其在非洲的影响力被前殖民列强视为对其支配地位持久化的威胁。因此,今天的法国认真思索该如何优化其合作政策,以抵御中国影响的大规模进入并"夺回市场份额"。无论如何,新殖民主义保护政策有很强的生命力,前殖民地国家独立五十多年以后,它还在到处延续着。

在这一持续存在的新殖民主义框架之外,西方列强对南方世界还保有一种高度工具性看法。比如说,阿拉伯世界首先被从功能上定义为石油供给者,移民控制者,以及以色列国家安全的隐秘的提供者。更普遍意义上,西方看待南方国家的眼光总是避讳一些根本性的重大问题:当一个国家,比如尼日利亚,70%的人口为 35 岁以下的年轻人,正常的逻辑会让人询问,一个拥有如此多青年却如此少就业的社会会有什么样的发展前景。这一广泛存在于许多非洲国家的严重的人口断层使年轻的尼日利亚人(及许多其他国家的年轻人)如今除了移民别无选择,当然连同与移民相关的种种危险与屈辱;要么选择成为挥舞着卡拉尼什科夫冲锋枪(Kalachnikov)的娃娃军(enfants-soldats),至少他们有食物、住处、衣服,有一种荒谬而致命的重要存在感。

由于总是忽视这块变革中的大陆及其因巨大的人的安全赤字而忍受的苦难,昔日列强今天还在鼓励将带来更多冲突与严重后果的未来的种子;事实上,它们把自己的利益也推进了死胡同,因为最终,西方国家也会被潜在的暴力冲突所影响。非洲的社会发展不仅对于西方国家和平而和睦地生活来说绝对必要,它本身也有赖于全球范围内的再分配与再平衡,没有这一点,北方国家自身也会成为持久不安全的受害者。

火山般的中东

西方大国与中东的关系值得我们停顿下来进一步分析,因为这个地区忍受着刚开始与非洲相似的病症,而且随着局势的恶化而不断加重。在这里,我们也可以说"失败的去殖民化"(décolonisation ratée),尽管大部分中东国家不曾具有正式的殖民地地位。然而,在委婉地称为"托管"(mandat)的制度下,这一地区的人民成为同样具有压迫性,而且无益于构建有效政治社群的保护体系的受害者。中东地区特有病症的恶毒性还要归因于世界其他地方不存在的一系列独特因素(sui generis)。

首先,当殖民控制在这一地区许多国家趋于松弛时,如同在其他地区一样,它却矛盾地被巴勒斯坦—以色列冲突重新激发。以色列的建国,固然有联合国文件承认,却从未征求过当地阿拉伯人民的意见,而且事实上(de facto)完全无视被剥夺的巴勒斯坦人民的权利,这与当时启发了新生的多边主义的新思想是截然对立的。联合国大会(作为当时的决策机构)第 194 号决议为巴勒斯坦难民预设了回归家园的权利,或至少获得补偿的权利:这项决议从未得以执行……更糟糕的是,这一充满争议的建国引发了一系列武装冲突,而以色列正是借助这些冲突占据了其所征服的领土,造成了新的占领与新的殖民化,两者都是压迫性和羞辱性的。当非洲的版图正逐渐从殖民主义的制度痕迹中解脱出来,中东却继续经历着一个越是濒临终结越是痛苦不堪的殖民问题。即使它是比经典的欧洲扩张主义复杂得多的历史的产物,这一问题对于中东地区始终是一个伤口,六十多年以后,仍未治愈。

第二个使病情更加严重的因素当然与石油有关。世界石油储量的三分之二在中东:即使近年来,由于页岩油(pétrole de schiste)的发现以及全球市场的再平衡,这一情况有所变化,但中东地区的地表下仍储存着对于西方经济最有用、开发成本也最低廉的原油。西方大国所有的战略选择——还有中国的——都由石油这一因素预先决定,使中东地区更加深陷在上文描述过的工具化逻辑中。

第三个使病情恶化的根源,是政治体制的先天畸形:这一诅咒不仅让中东地区诞生了许多建立在世袭权力观念基础上的独裁政权,而且为极度压迫性控制体制的过度发展与持久化开辟了道路,臭名昭著的穆克拉巴哈(moukhabarat)*、极度庞大的情报机构,独揽着真正的统治大权。这些对本国公民武装到牙齿的政权也长期分裂为几个对立的阵营,助长了激烈的竞争与敌对游戏,尽管他们理应被一些共享价值团结起来,首先,泛阿拉伯(panarable)与反以色列(anti-sionist)立场,其次是泛伊斯兰主义。于是,一边有所谓"进步"(progressiste)阵营,与苏联亲近,奉行正统的社会主义与民族主义以及夸张的反西方话语。而这一阵营内部也激烈地进一步分裂为纳塞尔派(Nassériens)与复兴党派(Baasistes)**,复兴党派内部还因隶属伊拉克或叙利亚将领统率而相互对立……另一边,传统君主阵营也不乏模糊性,因为他们将显著的"亲西方"(occidentalophilie)倾向与宗教标识的普遍运用结合起来,而后者同时孕育了极端伊斯兰教主义运动,对同一个西方怀有深刻的仇视。我们知道今天在沙特阿拉伯或卡塔尔这样的国家里,这种复杂模糊性已经发展到何种境地,完全暴露了西方大国盟友与附庸化战略在这一地区的不协调性与无效性。

最后,第四个孕育了中东地区冲突特有的(sui generis)紧张的因素在于伊斯兰教标识(référent)的政治动员作用,这不仅可以用来支持执政,比如在约旦、沙特阿拉伯或海湾诸君主国,还可以用来对所有的执政当局开展广泛的抗议。这一现象自 1928 年埃及穆斯林兄弟会(Frères musulmans)创立以来就一直处于发酵状态,今后成为中东地区国际局势的一项核心内容,原因是在位政权缺乏正当性及其崩塌,无论是进步主义政权(因过分独裁而失去正当性)还是保守主义政权(由于王朝世袭制,以及作为严苛的穆斯林和彻头彻尾的亲西方者的双重性而被责难)。伊斯兰教主义抗议运动在国际关系领域具有与众不同的鲜明特征:它具有双重目

---

 * 阿拉伯语的"情报"(intelligence)一词,前伊拉克情报局(Iraqi Intelligence Service)又称 Moukhabarat,在情报机关名称中使用这一语词的阿拉伯国家还有埃及、叙利亚、约旦、沙特阿拉伯、巴勒斯坦等。——译者注

 ** 复兴党主义(Baasisme)是阿拉伯民族主义运动的政治意识形态,Baas 指阿拉伯复兴社会党(Parti socialiste de la résurrection arabe),这一政治思想诞生于 20 世纪初的叙利亚,最早的复兴社会党 1947 年在大马士革创建,后传播到伊拉克和伊朗。——译者注

标性。它同时针对被认为暴虐而腐朽的当地政权与西方,后者则被视为邪恶、傲慢而且对本地区的苦难负有责任,包括攫取财富,支持独裁政权,或支持以色列,虽然这一双重抗议在不同阶段与不同运动中重点有所不同,但整体聚焦的是阿拉伯世界,甚至整个穆斯林世界长期积聚的历史屈辱。

不幸的是,西方大国整个 20 世纪期间在中东地区的所作所为没有破除这一灾难性的形象。它们催生了极具爆炸性的怨恨情绪,最初体现在民族主义斗争框架下的各种抗议组织中,比如早期的巴勒斯坦解放组织(OLP),1987 年成立的巴勒斯坦哈马斯(Hamas),以及 1982 年成立的黎巴嫩真主党(Hezbollah)。后来的抗议行动在一些去领土化与跨国化的真正的"暴力领袖"(entrepreneurs de violence)推动下升级,比如"基地"组织(Al-Qaïda)或"伊斯兰国",他们的活动超出受管控的领土之外,触手般地在中东地区多个国家扎根,预示着抗议表达方式的可怕变迁。

毗邻性与文明的深度

最后,一个双重性的因素决定了所有这些病症,也解释了为什么不单是穆斯林世界,而且整个中东地区在承受屈辱的后果时都更加痛苦。首先,有一种毗邻(proximité)效应:中东地区的一个主要特征在于位于欧洲及西方世界的边境上。中国就不是这样,举例来说,中国也经历了同样创伤的殖民欺凌,但仍能继续以"中央帝国"(empire du Milieu)自居,相对地被一种完全不同的地缘形势保护起来。被近邻羞辱总是比被远方来客侵袭更令人痛苦。尽管过去也曾被凌辱,中国却没有经历同样的积怨与失败,也许是因为无论如何,它成功地实现了国家建构(在"毛泽东思想"*形成时期)、民族建构(在民国时期,以及后来反抗日本与西方过程中;在

---

  * 原文字面译为"毛主义"(maoïsme),法国及西方学者将毛主义视为中国在前工业社会开展社会主义与反殖民主义革命的标志性思想学说。——译者注

后毛泽东时代,在现代新儒家思想的影响下＊),以及社会建构(经济腾飞与发展)。

相反,在中东,羞辱不仅因上文提到的四种因素格外严重,而且达到了某种极致,一方面,受这种毗邻关系——既具侵犯性又有挑动性——影响;另一方面,又由于一个西方有时很容易忘记的事实:伊斯兰世界曾经的辉煌与其延续下来的弥赛亚主义和普世主义理想。中东自视为三个哈里发王朝的千年遗址:倭马亚王朝的大马士革,阿拔斯王朝的巴格达,以及法蒂玛时代的开罗。这也是沙特阿拉伯的圣地所在,更不用说还有什叶派的传统圣地,特别是伊拉克的纳杰夫(Najaf)与卡尔巴拉(Kerbala)＊＊,那里有什叶派末世论(eschatologie)的印记,以及隐遁的伊玛目回归＊＊＊的观念。中东地区有一种帝国怀旧情结与弥撒亚主义激情的混合,这恐怕是世界上其他地方所没有的。因此,"文明冲突"论在激进的伊斯兰教主义者中获得了极为强烈的反响,据我们所知,塞缪尔·亨廷顿是他们最受喜爱的作者之一,尽管他们对亨廷顿的理解不同于亨廷顿的西方门徒。

新型冲突与"多层战争"(guerres à étages)

不完善且未完成的政治建构,市民社会的萎缩,制度赤字,执政政权的合法性缺失,国家建构失败,缺少真正的社会契约,与人和社会发展不充分相关的病症,集体羞辱感……把所有这些因素串联起来就共同塑造了一种新的冲突类型,令旧世界(Vieux Monde)大为震惊。当西方还局限

＊ 后毛泽东时代(post-maoïsme)泛指"文化大革命"结束、改革开放以后。原文新儒家(néo-confucianisme),可译为宋明理学,也可指 20 世纪兴起至今的主张重建儒家价值体系以融通现代性与西方性的思想流派,以熊十力、梁漱溟、冯友兰、钱穆、徐观复等为代表人物。——译者注

＊＊ 纳杰夫与卡尔巴拉是伊斯兰教什叶派世界的精神中心,也是仅次于麦加和麦地那的朝圣圣地。——译者注

＊＊＊ 在什叶派教义中,第十二名伊玛目遁世隐没,但将再度回归,带来正义和光明,这是什叶派末世论的核心思想。——译者注

于源自奥格斯堡联盟战争或西班牙王位继承战争 * 时代的冲突概念时，世界已经被这些新式敌对带来的冲击颠覆了，对于这些新型冲突西方并不理解，也不知该如何分析。更糟糕的是，虽然新型冲突出现在距离西方国家边境十分遥远的战场上，而且由本地因素作为直接导火索引发，它们却以闪电般的速度飞快地传播到西方世界的心脏地带，并感染了西方自己的社会领域。

有必要重复地强调这一点：这些新型冲突反映的不再是强权，而恰好是其反面。历史上第一次，战争不是权力竞争的结果，而是完全来自脆弱、瓦解与畸形。冲突不再以国家间战争的画面呈现：卷入冲突的国家都极度衰弱，甚至完全不存在，或正在全面瓦解，就像今天的叙利亚政府，昨天的伊拉克政府，前天的阿富汗政府，20 世纪 80 年代末的索马里政府、刚果政府、利比里亚政府、中非政府，甚至马里政府，它只是互不沟通、也不再沟通的南方与北方分裂的"人质"。

由于所有的冲突都不再是国家事务而主要是社会事务，它们经常呈现出一种"多层"（feuilleté）或"分层"（stragifié）的特点，并遵循层层叠加的逻辑。在某种程度上说这是一种"多层战争"（guerres à étages），由同属一个未建构完成或建构失败的民族国家的不同群体之间内部（intestine）敌对造成，社会契约的瓦解引起了这些群体之间的军事竞争：比如伊拉克的逊尼派、什叶派与库尔德人，再比如塞拉利昂的沿海混血族群与内陆的土著族群，后者生活在一片地下资源极其丰富的土地上但未能从中受益。我们也看到，在这些冲突中，交战者同时对抗战场上的直接敌人、周围的地区大国以及整个西方，比如在叙利亚、伊拉克与马里的情况。由本地诉求引发的直接原因与同全球化动力相关的深层原因之间，有一种连续性与复杂交织关系。很明显，我们无法使用经典的"克劳塞维茨手册"（manuel clausewitzien）管控这类冲突，无视发生在马里的冲突与第一次世界大战初期发生在马恩河或凡尔登的战争之间的本质区别。

新型冲突泛滥与传染的一个主要根源当然与全球化进程有关，特别

---

  * 奥格斯堡大同盟战争发生于 1688—1697 年，是欧洲各国反对法王路易十四的重要反霸战争，西班牙王位继承战争发生于 1701—1714 年，是威斯特伐利亚和约之后遏制法王路易十四独霸欧洲的又一次大同盟战争。这两次战争都是威斯特伐利亚体系下的经典战争，体现了国际关系中的均势思想。——译者注

是与人员、形象与观念的飞速流动相关。今天,冲突不可能在一个地方爆发而不为人所知:如果能让信息接收者与在远方作战的战士产生共鸣与团结,就能够推动冲突场域的有力扩展,比如,吉哈德主义(djhadisme)现象就是通过活跃而全球化的想象(imaginaire)扩展到了欧洲。我们知道,民族或文化团结不能解释所有的问题,因为法国本土上一支越发壮大的吉哈德主义流派就是皈依了激进伊斯兰教的"纯正"(de souche)法国人,他们信奉的激进宗教是在混杂(hétéroclite)的信息来源与影响的基础上拼凑而成的,最主要的影响渠道是社会网络与同伴之间的亲密关系。吉哈德主义的想象因此变得更加复杂,向那些自认为被社会边缘化、排斥或抛弃的个人发挥着吸引力。每个个人的社会主体性取代了昔日不容置疑的公民效忠。此外,对来自马格里布地区人民——他们是法国本土出身卑微的改宗者们的日常交往对象——的持续污名化变成了动乱情绪的回音室(chambre d'écho)＊,正在地中海对岸蔓延。尽管,幸运的是,马格里布地区被边缘化的个人很少能够来到欧洲的土地上,用暴力传播反叛激情。

强权的失势与弱者的权势

如果说西方大国继续追求其霸权抱负,或只是捍卫已不符合历史逻辑的安全领域,它们却无法掌控这个冲突性的新世界,因为强权在此失去了效力,而弱者却能激发权力效应,甚至能够撼动最强大国家的日程。没有一场由北方大国领导的新战争以决定性胜利而告终。在这些冲突中,最强大的国家并不能获胜,不能让人接受自己的规则,实现自己的目标。只要从东向西地历数一个个案例,就足以对此确信无疑:阿富汗、伊拉克、叙利亚、索马里、利比亚、中非共和国、马里……西方干涉者派出的、优势显著的军队从未能够真正终结这些冲突。

＊ 指媒体信息传播中的回音室效应,在封闭的资讯空间中相似意见不断重复或扭曲重复,造成认知褊狭与极端化。社交媒体的发展加剧了这一现象。——译者注

这里有一个教训值得思考：加农炮可以摧毁加农炮，但却不能征服社会，更无法掌控社会的碎片。加农炮外交在19世纪是有意义的，能够对付当时的一些叛乱团伙（bande），他们只有开展几场短暂暴动的能力。但是，今天的"团伙"有更加完善的组织，有暴力领袖（entrepreneurs de violence）的专业技能支撑，他们拥有真正的社会支持与可靠的跨国网络。对这些暴力领袖开展攻击，可能触及并激惹这种社会支持的神经，它本身也相当复杂，由苦难、失望、屈辱，还有被改造的身份认同，以及单纯的熟人效应共同造就。塔利班、"基地"组织和"伊斯兰国"都很会利用这一点。没有人能够忘记马克斯·韦伯的训诫：领袖为完成使命而活，大众活在为使命而推广的暴力中。

把大国挫败是国际关系历史上的一次重要断裂。但还需要弄清，强权的相对失势是否必然与弱者能力的不断增强相联系。最好保持谨慎：与大量传统民族主义和反殖民主义游击战不同，很少见有哪种反叛模式能够最终建立一个持久的秩序或不同的治理。但问题在于，这真的是新暴力领袖的目标吗？他们的目标真的是要最终建立一个国家或者准国家吗（proto-Etat）？可以说——也许为时尚早——"伊斯兰国"的行为就像一个国家。这并不完全属实：即使"伊斯兰国"和"基地"组织相反，利用了很多国家属性，它的公开目标仍然是建立一个"哈里发"（califat），这是相对于整个信徒共同体以及之外的群体而定义的，但肯定不是要建构一个局限于边境内的领土化的国家，以边界作为不可磨灭的主权印记。应该要习惯于构想新的政治目标，它们应该更复杂、更具流动性、更多依托于跨国动员而非拘泥于国家与领土范式。应该习惯于这些新的冲突形式，它们是多重空间化、不受地点限制的，不是那种能够迅速被圈定的对抗地域。

另外，还有一个因素，在其影响下，弱者的权力以更为传统的方式在国际关系领域表现出来：这与"暴力领袖"不断增长的控制国际日程的能力有关。弱者真正的强大之处在于能够迫使最强者处于被动应对态势，而他们却成为唯一真正积极主动的主体。只需想一想最近十五年来是谁在决定国际日程就够了：在21世纪的第一个十年里是乌萨马·本·拉登（Oussama Ben Laden），第二个十年则是阿布·贝克尔·巴格达迪（Abou Bakr al-Baghdadi），他们对世界格局造成的颠覆性影响很可能已经超过世界上所有国家政府所能做到的一切。通过袭击纽约双子塔,本·拉登几乎"塑造"了十年的历史:差不多此后发生的一切都可以回溯到他的战略选择上。从严格的政治外交角度来说,这千真万确,可能在经济领域也大致如此。

现在还太早而难以知道巴格达迪战略选择的后果,但是"伊斯兰国"看似完全能够定义西方未来几年外交日程中的相当一部分内容。在不到一周时间里,"伊斯兰国"就使西方与普京达成了和解,而在此之前几个月,它还间接地促进了伊朗问题的解决。

注 释

1. B. BADIE,*L'Etat importé*,Fayard,Paris,1992.

第六章
法国，面对他异性挑战而受挫的抱负

　　法国曾经是一个大国，但这一论断只能通过一段应该置于复杂性中理解的历史来解释。首先，法国确实是一个大国，那是在大国概念仍然有充分意义的时代。法国自中世纪末以来扮演的核心角色与权力成为国际体系的组织原则之间，存在着某种共时性。因此毫不奇怪的是，国际关系领域的强权观念总是标志性地与路易十四或拿破仑的名字联系在一起。

　　但是我们发现，自第一次世界大战结束以来，法国在国际关系史上及其在国家协调中的地位出现了一个转折。在此之前，它似乎完全不受战败结果的影响。法国在现代历史上输掉过许多场战争，拿破仑的传奇就是在滑铁卢的重大失利中被终结，滑铁卢也因此成为一个谚语式的地名。然而，即使是第一帝国的覆灭也没有对法国在整个19世纪的角色造成任何不可挽回的后果。当然，拿破仑战争的结束主要使大不列颠获益，但英国权势的首要来源仍然是对海洋的控制，以及欧洲和世界贸易；英国成功地把一种最初相当具有保护性的政策转化为自由贸易政策，并一直从中受惠到至少1914年。如果说19世纪的不列颠霸权不是绝对的，那么重要原因之一在于拉芒什海峡＊对面的邻居有效地保持着相当大的实力。

　　＊ 即英文中的英吉利海峡。——译者注

从强大到"伟大"(grandeur)

从第一次世界大战结束起,事情开始发生了变化:当然是因为从战争中走出来的法兰西已经精疲力竭,但是还因为它开始渐渐承受全球化进程最初的冲击波——它从未能够真正掌控这一进程,而这一进程又适逢法国殖民帝国动摇的第一波运动。法国带有太过明显的普世主义与共和救世主义特征,不懂如何应对来自世界其他地方的他异性(altérité)要求。

然而,给法国带来最严重打击的是第二次世界大战。戴高乐将军对此有所预见:他很快就明白战败的法国再也不是一个一流强国了,他还预言,这一转折会发生在一个强国概念本身也发生变化的时刻。基于对这些变化的感知,戴高乐尝试把这一极度衰弱的权势转化为一种"伟大",更多体现在质的方面而非量的方面。他为第五共和国建立的对外政策充分展示了这样一种意愿。主要的标志是显著地强化国家主权,选择奉行独立自主的对外政策,尤其是在安全与防卫领域,以及刻意同两大阵营保持距离,特别是当它面对美利坚大哥时。

这一新外交取向也表现在,此后的对外政策目标重新定位为追求能够带来威望(prestige)与影响(influence)的新资源。于是,从 1959 年开始,第五共和国的国际地位建立在三重战略上:通过与南方世界开展一种合作并影响的政策,部分地重建其国际地位;寻求正在建构中的欧洲的外交领导权;通过多边机制维护法国的权利。我们不得不赞叹地看到,戴高乐将军最先认识到,国际关系的未来不再存在于相对固化的东西方关系之中,而在于南北关系丰富而起伏波动的不确定性中。他关于当时正在建设的小型欧洲的理想正是成就法兰西伟大的强化器:只有法国有资格为六国之欧洲(Europe des Six)制定全球性对外政策;无论是德国还是意大利,作为刚刚结束的冲突的战败者,都不可能承担这一角色。富歇(Fouchet)计划(1961 年 11 月至 1962 年 1 月)体现了戴高乐为新欧洲量身定制政治建设方案的愿望。第三项战略方针在于嵌入多边主义外交框架中:法国最初在开展多边主义外交中遇到一些困难,因为几个殖民问题在第五共和国建立初期限制了它在联合国的行动。后来,一种观点越来越获得认同:法国已经失去了独自行动的关键体量,但它雄心满满地准备加入并领导打算集体施压的战队。这一想法被证明十分执着。

我们再来简述一下这三种取向。与南方世界的关系问题表达了一种戴高乐式的直觉,预感到了两极格局的解体。它也指明了一系列新方向。首先,需要加速去殖民化进程,终结阿尔及利亚战争,并且伴随着非洲殖民地的独立,将其重组为一个新的集团,即"共同体"(Communauté),从而能够在非洲国家独立之后继续保留着"法国的伟大"(grandeur française),即使不再作为一个殖民大国,那么至少也是法语世界的庇护者。三项创议随之发起。第一,与阿拉伯世界和解,法国与之一度疏离,特别是苏伊士冒险(1956 年)*与阿尔及利亚战争以来:和解意向体现在法国对阿以冲突政策的巨大转变中,非常具体的表现是戴高乐在 1967 年六日战争中对以色列采取了强烈的批评态度。紧随其后地,法国与阿拉伯地区领导人开展了一系列正式访问、接触与拉拢。今天我们知道,戴高乐已经准备要会见纳赛尔了,这位法国曾经的敌人,但是,纳赛尔的个性特征以及政治与意识形态倾向仍然令法国国家元首不无顾忌:民族主义、反美主义,在国内以及国际外交舞台上施加一种魅力型领导力。

第二个重要举措是,巴黎于 1964 年承认了中华人民共和国。这是与美国立场分野的又一个标志,但更重要的是展示了对亚洲的开放态度,对一个戴高乐预见到必将在世界舞台上发挥重要作用的国家的开放态度。最后,从 1964 年 9 月 21 日到 10 月 16 日,第五共和国总统对南美洲十个国家进行了为期三周的成功访问:这既是对美国的一种间接挑战,又是对新的南方行为体的承认,戴高乐相信这些国家将占据一种必须加以重视的地位。戴高乐还预见到这些国家中一些最具实力者的崛起,特别是巴西、阿根廷和墨西哥,其中墨西哥特别被重视,法国国家元首在 6 个月前的另一次访问中用西班牙语宣称:"我们携手前行"(Marchamos la mano en la mano)。可以说,法国是第一个执行坚定的"南方主义"(sudiste)政策的西方国家。这里的启发是非常强有力的:在最初的迟疑之后,我们似乎理解了他异性。

---

* 即 1956 年英法干涉埃及的苏伊士运河危机。——译者注

寻求欧洲领导权

欧洲问题自然属于另一种性质。在文化领域,戴高乐是一个民族主义者,对超国家的一体化现象不感兴趣。所以,他的欧洲主义(européisme)本质上是实用主义的。与 1919 年克雷蒙梭危险地主张与应该受到严惩的德国全面脱钩相反,戴高乐懂得法德和解的双重必要性:就维护和平而言是必要的,对于重建欧洲经济而言也是必要的,因为没有德国的煤,欧洲经济复兴绝无可能。

这一"小型欧洲"(petite Europe)计划可以成为法国"领导权"(leadership)的基础,但是基于两个前提。一方面,必须防止在让渡主权方面走得太远,这就是为什么戴高乐反对勒内·普利文(René Pleven)1950 年提出的欧洲防务共同体(Communauté européenne de défense),普利文计划两年后在美国支持下付诸签署,但却于 1954 年 8 月 30 日被法国议会的推迟,主要是由于戴高乐派和共产党的反对。只有把欧洲建设成一个基本上保持主权完整的"主权蓄水池"(pool de souverainetés),[1]法国才有望享有相对于其他五个合作伙伴的实质性优势,并在大多数议题上发挥决定性影响,当然前提是来自大西洋的压力逐渐减弱。但是,为了实现这一目标,不让英国太快介入欧洲构建至关重要,因为英国的加入可能干扰并削弱法国的领导权。戴高乐的考虑是有道理的:我们的确可以认为,在对外政策方面,法国逐渐树立了对欧洲的领导权,这随着美苏缓和的形成开始,一直维持到 2004 年的欧盟扩员之前。

还有多边主义的问题。法国 1945 年不无艰难地拿到了安理会常任理事国的席位,可以在安理会中行使否决权。这一在多边机构中的特殊地位也为法国执行独立自主、追求伟大的对外政策提供了基础。但是戴高乐从未真正接受、也未真正认同联合国的运作逻辑,他不屑地将其称为"那玩意"(machin)。此外,他还被联合国大会在殖民地问题上——其中也针对法兰西帝国——咄咄逼人的立场深深激怒了,而且他还明白,在冷战的大气候下,这个机构是由美国和苏联二元领导主导的,或至少是受其限制。然而,我们今天知道,在他第二个任期末期,戴高乐形成了一种更加微妙的立场:有人甚至宣称,戴高乐将军已经打算在 1969 年 9 月的联合国大会上发表一番正式讲话了。

走向没有戴高乐的戴高乐主义

简而言之,第五共和国的对外政策清晰地展示出三个基本假设。第一,法国今后过于衰弱以至于无法再次作为国际关系中的独行侠(cavalier seul)了,但仍然过于强大以至于无法退居一种从属性地位:这是所有中等强国的普遍性两难问题……于是,多边主义、欧洲主义和南方主义三张牌旨在确保法国领导者向往的地位与影响。第二,在戴高乐看来,这三种形式的联合只有配合一种坚定的独立与主权政策才有意义,哪怕这种独立只是宣示性的。戴高乐让法国拥有核武器的飞快速度就是一个非常清楚的表现。这一举措尤其体现了法国的独立意志,因为不同于英国,它全凭一己之力建造了自己的核武库,没有借助美国的帮助。这一选择更具有象征意义而非现实意义,但是就伟大而言,象征不是无用之物,至少构成了一种话语和一种体现地位的形式。在这个新世界里,地位的重要性其实已经开始超越了实力,这是新时代的明显标志。

最后,作为前两个假设顺理成章的结果,法国的对外政策定位于两极格局的对立面,戴高乐试图从两极格局的局限性中解放出来,这种局限性是由两极格局"阵营主义"(campiste)体系的性质本身导致的。因此,法国1966 年 3 月脱离了北约统一指挥体系,而且采取了与苏联的对话与开放政策,戴高乐将军一直称苏联为"俄罗斯"(la Russie)以强调一段更为久远的历史的延续性。在此之外,法国还采取了一系列与既存秩序格格不入的立场,无论是著名的、关于越南战争的金边讲话(1966 年 9 月 1 日),关于"自由魁北克"的讲话(蒙特利尔,1967 年 7 月 24 日),对比亚夫拉(Biafra)的同情支持,还是拒绝参加联合国对刚果的干涉……只要有可能,戴高乐就要彰显其独特之处,尽管在东西方直接对抗的情况下(柏林的数次紧张、古巴危机),他还是会重回大西洋与西方团结的阵线上。正是在戴高乐遗产的基础上，法国在世界上，特别是在南方世界长期保持了一个与众不同的北方国家的形象。尽管这些政策都是象征性的，但可能也标志着法国与其近晚历史的一次深刻断裂。

这项遗产如此强大，以至于戴高乐将军的后继者都固守在其框架内。他们中的每一位都有足够好的理由想要抛弃这一对外政策模式，但最终却都遵从这一模式，只有某些微调。乔治·蓬皮杜（Georges Pompidou），在外交风格上比其前任要"谦逊"（modéré）得多，一直延续了戴高乐将军的对外政策，仅使之稍微偏重于欧洲方向，特别是为英国打开了大门。但是，在1973年10月的阿以战争期间，法国的立场与1967年完全一样。瓦雷里·吉斯卡尔·德斯坦（Valéry Giscard d'Estaing）确切地说并不属于戴高乐派：他的风格更加自由主义，对大西洋世界更为开放，而且与以色列的关系亲密得多，他对以色列的支持从根本上区别于戴高乐1967年的态度。然而，德斯坦也几乎完全拥护戴高乐的对外政策：在巴以问题上，他的立场也很快让特拉维夫大失所望，特别是当他登上约旦的尼伯（Nebo）山，用望远镜查看被占领土时，这表示了法国与阿拉伯世界，特别是与巴勒斯坦的团结。

1981年，戴高乐将军的老对手弗朗斯瓦·密特朗（François Mitterrand）上台执政。这位社会党领袖曾投票反对法国退出北约统一指挥机制。这也是一位对第四共和国的大西洋情结十分执着的政治家；我们还知道，他是以色列的朋友，而且总是采取支持犹太国家对抗其诸多敌人的立场。但是，他执政以后也继承了戴高乐遗产的衣钵，也许部分原因是受他身边占据关键外交职位的人士影响。因此，克洛德·舍伊松（Claude Cheysson），密特朗的首位外交部长，以及他的继任罗兰·杜马（Roland Dumas），都与阿拉伯世界关系十分亲密，高度关注南方世界的问题，而且不信任美国。但大部分外交选择是继续由爱丽舍宫*作出的：必须理解，密特朗上台执政的时期正值主要的西方盟友都在经历新自由主义转向，在英国的玛格丽特·撒切尔和美国的罗纳德·里根的影响下；1982年，德国的基督教民主联盟在赫尔穆特·科尔（Helmut Kohl）的领导下回归政坛。在当时的七国集团中，法国总统，唯一的左派领袖，而且还想继续

---

* 法国总统府。——译者注

坚持左派立场的领袖,成为一个例外:也许这是从战术上,一种标新立异的做法,但这位领导人是衷心宣示其对外政策与当时主流政策的不同,这一流派预示了新保守主义的形成。

到了雅克·希拉克(Jacques Chirac)时代,戴高乐主义者再次入主爱丽舍宫:可以预见到,政策延续性是自然而然的。这也符合人们对 2003 年以前的政策观察:政策稳定性尤其体现在对巴勒斯坦问题的坚定立场上。人们还对 1996 年著名的耶路撒冷之旅记忆犹新,当时雅克·希拉克怒斥以色列警察。本着同样的精神,对独立性的关切使希拉克表达了对 1996 年 9 月 24 日开放签署的《全面禁止核试验条约》的保留。希拉克还强烈反对出兵伊拉克,这似乎成为戴高乐派政策延续性的极致象征。

后殖民主义的矛盾

然而,也要对戴高乐遗产的局限性保持清醒的认识,特别是其"南方主义"开放政策,始终带有一种可以追溯至历史深处的矛盾印记。法国——已经宣示了一种主权主义对外政策,而且不再是一个殖民大国——看似可以充当这些南方国家的潜在领袖,甚至领导寻求从一切形式的帝国主义中解放出来的人民,无论是传统或新型的帝国主义。但是,这一突然想要成为反叛者的国家本身就承载了一个漫长的帝国历史,一直可以追溯到西方世界形成之初,直至查理曼大帝。拿破仑,比任何人都更好地体现了这一传统,他曾经明确将自己同加洛林王朝第一位国王相提并论,* 当欧洲一体化计划启动时,我们总会联想起他……路易十四也有自己的帝国梦想,1790 年 7 月 14 日庆祝联邦纪念日(Fête de la Fédération)时,** 有人曾想过向路易十六献上"法兰西人的皇帝"(empereur des Français)的名号……

---

* 加洛林王朝第一位国王是矮子丕平,丕平的儿子是查理曼大帝。拿破仑身材也不高。——译者注

** 1790 年 7 月 14 日是法国庆祝攻占巴士底狱一周年的革命纪念日,后来成为法国国庆日。——译者注

在戴高乐追求欧洲领导权的意志中，自然也存留着某种帝国基因：法国的欧洲伙伴总是怀疑这一点，而且时常会因法国的自负而恼怒，将其形容为霸道（hegemonic）。特别是那些最没有资源与之抗衡的国家，比如荷兰或丹麦，情况尤为如此；而德国能够更好地适应法国，因为随着经济实力不断上升，它知道自己足够强大、足以自保。法德伴侣（couple）就是建立在这样一种思路之上，即德国和法国中任何一个都不能够主导对方，不过这两者却可以联手主导其他国家。

当然，法兰西帝国梦的另一面体现在其作为殖民帝国本身，之后，在1960年非洲国家独立后不久，帝国梦就呈现出一种重大的模糊性，这种模糊性主导了一个未能持久化的法兰西共同体。有关国家很快就被卷入了一个由旧宗主国控制的附庸体系（就是我们所称的"法语非洲"）。这一体系建立在与新世袭政权的特殊关系基础上，这些世袭政权是在独立后建立的，被一批受法国支持的独裁者领导，当他们的政权受到威胁时，法国总是几乎毫不迟疑地施以援手。就是这样，法国军队1964年成功地维系了加蓬的莱昂·姆巴（Léon Mba）政权，如同1968年拯救了乍得总统弗朗索瓦·托姆巴巴耶（François Tombalbaye）以及他的数位继任者；而且法国还保护了埃亚德玛（Eyadema）在多哥的独裁统治，以及今天和刚果的丹尼斯·萨苏·恩格索（Denis Sassou Nguesso），或乍得的伊德利斯·德比（Idriss Deby）一样"有争议的"（discutable）政治人士。当法国和比利时1978年3月通过科卢维齐（Kolwezi）联合行动把扎伊尔独裁者约瑟夫·德西雷·蒙博托（Joseph Désiré Mobutu）从来自国家南部的威胁中拯救出来时，他的处境也不理想。* 相反地，法国情报机关能够直接或间接地"搞掉"（débarrasser）那些烦人的国家元首，比如，中非共和国的戴维·达科（David Dacko），1965年12月被让·巴都·博卡萨（Jean-Bedel Bokassa）推翻并取代，但1979年博萨卡的前任达科又重新夺回政权，同样是借助法国的帮助，更不用说，也是在同一个国家，2003年昂热·帕塔塞（Ange Patassé）被解职，弗朗索瓦·博齐泽（François Bozizé）

---

* 指1978年的科卢维齐战役，法国和比利时空降部队在科卢维齐市成功解救了被刚果民族解放阵线（FLNC）扣押的人质，该解放阵线还策划发动了对蒙博托的政变。约瑟夫·德西雷·蒙博托是蒙博托·塞塞·塞科的原名，曾任刚果民主共和国和扎伊尔共和国总统，执政长达32年，是典型的非洲独裁者。——译者注

将军执掌大权。*至于布基纳法索的托马斯·桑卡拉（Thomas Sankara），有人在他 1987 年被暗杀事件中看到了法兰西之手的干预，就在弗朗索瓦·密特朗与雅克·希拉克的左右共治时期。

从这一角度来看，法国 1960 年以来所有的对非政策很大程度上为我们今天所熟知的那些冲突铺平了道路。法国的政策维系了非洲独裁而又腐败的政权，它们践踏人权，与本土社会切断了联系，而巴黎推行的合作政策只能让少数表面上的精英阶层受益。

然而，这种亲密关系是长期互不理解的理想催化剂。戴高乐曾经制定了主动开创全新关系的目标，为此任命了第五共和国的高级官员担任驻阿尔及尔的首批大使。但这一技术性安排并未真正奏效。阿尔及利亚体制的问题也对此负有一定责任：国民解放阵线（FLN）励志型的意识形态，也就是阿拉伯社会主义色彩的民族主义，很快转变为一种常见的军事与官僚威权主义，侵蚀了民众眼中的政权合法性，使其不久就转向了其他效忠。就是这样，阿尔及利亚成为阿拉伯世界中第一个患上伊斯兰教主义"高烧"（poussée de fièvre）的国家，结果导致了 20 世纪 90 年代那场残酷的内战。

于是，很典型地，也是在阿尔及利亚这边，法国对南方世界的开放政策被一种极具进攻性的竞争所挫败。在新独立的国家中，有些想要把南南同盟置于同原宗主国或与一般意义上北方世界的关系更为优先的地位。万隆精神与戴高乐计划背道而驰，体现在几内亚的艾哈迈德·塞古尔·图雷（Ahmed Sékou Touré）、马里的莫迪博·凯塔（Modibo Keita）这样的领导人身上，但是，主要是阿尔及利亚担任了这场不信任运动的领导者，凭借它在非洲与阿拉伯世界交汇处的地位，它格外凝重的殖民历史，以及其石油资源赋予它的想法与手段。1973 年召开的阿尔及尔会议，曾一度把这座城市变成了不结盟运动与国际体系抗议者的中心，使阿尔及利亚外交与法国外交形成了直接的竞争。但需要注意，这并没有妨碍两国开展多种形式的合作，特别是警务合作与移民管理合作。这也是国际关系中一条屡见不鲜的规则：国家与国家之间，只要有一定的共同利益，就总会有一种哪怕是最小程度上的共谋关系。

---

* 戴维·达科是中非共和国首位总统，1965 年被其表兄博卡萨推翻，博卡萨 1976 年称帝，达科成为中非皇帝顾问，博萨卡称帝的倒行逆施引发广泛不满，达科在法国支持下 1979 年夺回政权再任总统，不久后又被军事政变推翻。帕塔塞曾为博萨卡皇帝的帝国首相，之后在国外流亡多年，1992 年当选总统，2003 年被博齐泽推翻。——译者注

"中等强国"的两难与选择

这一旨在追求"伟大"（grandeur）的政策——连同其中的矛盾，以及到处遭遇的挫败——是如何被美国盟友看待的呢？如果说戴高乐式的特立独行惹恼了华盛顿，这的确是不容否认的。法国和美国的双边关系总是带有一种冷淡的特征：戴高乐与肯尼迪从未能够真正相互理解，将军与林登·约翰逊（Lyndon Johnson）之间甚至一直是一种相互漠视的关系，既由于距离所致，也因为风格的互不兼容。理查德·尼克松（Richard Nixon）较为亲和，特别是要考虑到他的任期正值美国霸权实力明显衰退的时期。但是，华盛顿与巴黎的关系超出了这些表面不睦的程度。在这些外交口角的表象之下，还隐藏着更为深刻的问题：在国际政治中扮演一个中等强国究竟意味着什么？此外，所谓中等强国真的存在吗？

这个问题很少会这样被问及。在欧洲协调时代，这一问题没有什么意义，因为列强俱乐部承认它们之间的均等性。第一次世界大战期间，主要交战方中没有中等强国，只有处于激烈竞争状态的强国。第二次世界大战的结束导致了一种不同的地缘政治形象，我们将其称为"超级强国"（superpuissance），将苏联与美国祸福相依地联系在一起，进一步贬低了"中等强国"的概念；英国，昔日的准霸权国，从此被降低为一个重要的二流国家，作为美国忠实的大西洋伙伴。

在两极格局与这一新"阵营主义"的背景下，这样一种地位，尽管充满不确定性，意味着两个不同的事实，其中任何一个都不会让超级大国感到愉悦。它能够反映一种思想，即一些国家例外地享有一种多少有些抗议性的自主权，这就是苏联在中苏分裂中痛苦地经历到的。但它也意味着存在一种共同管理阵营的权利，这正是戴高乐所寻求的，至少是最初所寻求的。从 1958 年起，当他还只是委员会主席时，* 戴高乐就向其西方伙伴

---

* 戴高乐 1958 年 6 月至 1959 年 1 月担任了 7 个月的部长委员会主席（Président du Conseil des Ministres），即第四共和国的政府首脑，相当于总理，当时的总统是勒内·科蒂。1959 年 1 月当选为第五共和国总统。——译者注

寄送了一封简短的备忘录,建议组建一个北约指挥委员会,赋予法国和英国监管所有政治、外交与战略重大决策的权力。对于华盛顿来说,这样的提议是不可接受的。艾森豪威尔明确地拒绝了他,继任的约翰·肯尼迪也压根不愿再谈及此事。正因如此,夏尔·戴高乐最终选择了另一个策略,就是独立自主,于是脱离了北约统一指挥体系。在这个例子以及其他例子中,两极格局的全部逻辑都受到了质疑,或者说受到了震撼。如果乔治·H.布什在30年后,在柏林墙倒塌之后仍为北约的续存而辩护,那么这正是因为他担心苏联威胁的消失会在西方盟友之中激发这样寻求自主性的冲动。两极格局的"阵营主义"影响应该维系到两极格局以外:突然间得到证实的中等强国的假设变成了一个外交噩梦。

大 转 向

显然,接下来的问题是,这些强国是否真正的强国,它们的自主能力究竟能够达到何种程度?当提出这些问题时,我们才开始理解法国2003年出现的重大转向,它标志着戴高乐主义对外政策的终结。

初看起来,这一转折似乎不可思议。我们看到,雅克·希拉克对2003年的伊拉克战争持完全反对的立场,在当时的形势下他有双重理由这样做:不仅没有在伊拉克发现任何大规模杀伤性武器,而且反战也得到了当时国际公共舆论的支持,他们正确地预感到对伊拉克开战将招致的种种风险。2月15日,当多米尼克·德维尔潘(Dominique de Villepin)在安理会发表他那著名的演说时,全球有近1 500万示威者进行反战游行,几乎遍及世界各国,这创下了跨境动员意义上一笔独一无二的纪录。然而,2003年第二季度,法国对外政策出现了惊人的、深刻的转向。一种完全不同的政策在法国建立起来,与第五共和国建立之初形成的政策没有丝毫关联,而且很快就让法国失去了在过去近50年内"可资利用"(capitalisés)的一切优势;更有甚者,法国重新回到了一种脆弱、不安、矛盾的处境中,而且此后再也没能从中走出来。雅克·希拉克的这一转向被其两位继任者,尼古拉·萨科齐(Nicolas Sarkozy)与弗朗索瓦·奥朗德(François Hollande)认同并大大地强化了，尽管这两人有截然不同的意识形态立场。

我们可以把转折分为这样几个连续的阶段。第一个阶段开始于2003年6月2日至3日在埃维昂(Evian)召开的八国集团峰会。事情一开始就不妙：据传闻，为了惩罚法国，乔治·W.布什原本不想参会。事实上，不仅美国总统去了埃维昂参加会议，而且希拉克大幅向美国总统的选择靠拢，开启了与美国的和解政策，体现在投票通过的一系列安理会决议中。包括连续通过的第1483号决议(2003年5月22日已经投票通过了，尽管当时还有一些紧张)，第1511号决议(2003年10月16日通过)，以及第1546号决议(2004年6月8日)，事后地(ex post)承认了"联军临时管理当局"(Autorité provisoire de la coalition)，从而使美军及其盟军对伊拉克的占领合法化了。* 这些投票诚然都是全体一致通过的，或者几乎是以全体一致的方式(叙利亚弃权)，但法国在这些新的关系建构中表现得非常积极主动，所有曾经用来反对美军行动的理由忽然之间全被遗忘了：无可争议，这的确是开启了一个新的时代。

我们可以猜测，雅克·希拉克当时形成了一个坚定的信念，即法国既没有能力继续承受与"大哥"(grand frère)之间如此激烈的争吵，也无法承受长期地游离于西方阵营之外：这是一种承认中等强国概念站不住脚的方式。不过，这次的政策转向完全超出了小修小补的范围。的确，当时美国弥漫着一种骇人的"逢法必反"(French bashing)的气氛**：人们把法国红酒倒入下水槽，把炸薯条改名("法兰西炸薯条"改成"自由炸薯条")，*** 大家对罕见几位能讲法语的公众人物污名化，比如可怜的约翰·克里(John Kerry)。但这并不能充分解释法国外交重新定向的程度。让我们来看一下：不久之后，2004年9月2日，法国与美国联署了著名的第

---

　　* 安理会第1483号决议重申要求伊拉克解除武装、消灭伊拉克的大规模杀伤性武器，鼓励英美向安理会定期通报这方面的努力。第1511号决议授权一支统一指挥的多国部队协助伊拉克稳定局势、起草新宪法和举行民主选举。第1546号决议欢迎多国部队应伊拉克临时政府要求继续留驻。——译者注

　　** 这一术语来自英国历史上批评讽刺法国的传统。——译者注

　　*** 炸薯条(French fries)这种食物被认为起源于法国(亦有争议认为起源于比利时)，最早初现于19世纪的英文食谱中，指称切成细条、油炸的新鲜土豆。今天成为日常用语中的薯条。美国在反法情绪下将其改名为Liberty fries，以显示去法国化，并讽刺法国的集权传统。——译者注

1599 号决议，* 这一决议被认为是公正的，尽管俄罗斯、中国、巴西和阿尔及利亚对此仍然投了弃权票，而且这完全出乎联合国秘书长科菲·安南的预料。此外，两个西方大国——比以往任何时候都更像保护国——重申了黎巴嫩的主权，谴责了叙利亚在西德尔省（Cèdre）的存在；它们共同向真主党喊话，要求其解散并解除武装，虽然没有公开指出其名字；最后，法国外交实践中出现了一个新现象，巴以冲突再也不被提及了。这是 1945 年以来巴黎与华盛顿第一次在中东地区采取了联合行动，关于如何管理这一地区的一致立场逐渐在两个首都之间形成，这一问题如此具有标志性，它曾使法国与美国在过去四十多年间各执己见。

2005 年 7 月，阿里埃勒·沙龙（Ariel Sharon）在巴黎受到了尊荣俱备的接待：在这一场合，人们能够觉察出法国话语明显地向亲近以色列的方向转变。黎巴嫩总理拉菲克·哈里里（Rafic Hariri）几个月前被暗杀导致了法国与叙利亚关系更为明显的恶化，而新上任的伊朗总统，马哈茂德·艾哈迈迪-内贾德（Mahmoud Ahmadinejad），被法国看作无法接受的合作伙伴。尽管希拉克做了一些努力，但不久就被萨科齐逆转了势头，法国与土耳其的关系也急剧下降。法国没有出现在伊拉克，与叙利亚闹翻了，几乎失去了不只是阿拉伯世界，而且是大中东地区的所有联系。与 20 世纪 70 年代和 80 年代的情况相比，这一反差十分令人瞠目。

欧盟的扩张又毫无疑问地成为加快法国国际身份认同丧失的加速器。2004 年标志着新的成员国开始加入欧盟，其中大部分是此前的人民民主国家。这些新成员对某种法国外交领导权没有丝毫概念。从那时起，我们就悄悄地，虽然从未被正式宣布，从一个外交上由法国主导的欧洲向一个法国被还原为与其他国家相同的普通一员的欧洲转变。巴黎此后被自己的这些外交举措所牵绊，当辩论在布鲁塞尔开启时。

这一无声的变革的最后一个方面，是法国外交人员的变化。在此之前，奥赛码头（Quai d'Orsay）**一直被这样一群精英把持，其中最老的亲身经历过第二次世界大战，最年轻的也是在戴高乐主义倾向的对外政策

---

* 安理会第 1599 号决议决定向东帝汶派设联合国办事处，协助"国家机构建设"，并追究侵犯人权行为。——译者注

** 法国外交部位于巴黎塞纳河左岸的奥赛码头，一般用该地名指称法国外交部或法国外交界。——译者注

背景下成长起来的。当这批公职人员退休后，我们发现，新生代外交官开始领导奥赛码头各大主要机关的决策，他们不仅没有战争经历，也不熟悉戴高乐时代的深谋远虑。一种新的思维模式渐渐形成，更多受美国模式主导的影响，较少地保留着法国戴高乐主义与主权主义的历史印记。

法式新保守主义

于是，开始形成一种法式新保守主义，虽然法国外交部并非其主要发源地，但对法国在世界上的行为有强烈的影响。新保守主义产生于世纪之交的美国，深刻影响了乔治·W.布什的两届任期。这一学说主要吸收了列奥·施特劳斯(Leo Strauss)的哲学，宣扬从西方历史中承袭而来的价值有绝对优越性，不考虑任何偶然性因素；它呈现为不可变通的弥赛亚主义形式，为一种优于其他一切的模式的普世化服务。新保守主义话语深得保守主义者之心，他们从中看到的是对神圣价值的捍卫；一些左派人士对此也并非无动于衷，因为从中看到了对解放被压迫人民的强调，而产生压迫的是种种剥夺自由的政治模式。在毫不变通这一点上，新保守主义的路线与现实主义者区分开来，后者不接受如此自负地抛弃均势原则，对于所有把尊重他异性作为新全球化的必要基础的人，新保守主义路线也令他们震惊。

在法国，这一现象首先影响了知识界，很快被我们原来所称的"新哲学家"(nouveaux philosophes)＊接受和体现：其中最具思辨性的一位，贝尔纳-亨利·莱维(Bernard-Henri Lévy)，则很快热衷于充当尼古拉·萨科齐事实上(de facto)的外交部长，鼓动他对利比亚进行军事干预。这些

＊　新哲学家指法国 1970 年中期形成的一个哲学流派，共同点是基于对马克思主义哲学的突破，他们批评左翼哲学家的权力崇拜，认为黑格尔，马克思的国家学说会导向整全性的思想体系，进而导致压迫。代表性哲学家包括：阿兰·芬基尔克劳(Alain Finkielkraut)、安德烈·格拉克斯曼(André Glucksman)、帕斯卡尔·布鲁克纳(Pascal Brunker)、贝尔纳·亨利-莱维(Bernard Henri-Lévy，曾在联大演讲呼吁反对宗教种族歧视与不宽容)、克里斯蒂安·让贝(Christian Jambet)、基·拉德洛(Guy Lardreau)、让-保罗·多雷(Jean-Paul Dollé)、吉尔·苏松(Gilles Susong)等。他们中大部分自认为属于法国毛泽东主义左派(gauche maoïste française)，有多位是犹太人，还有多位来自阿尔及利亚。——译者注

思想家传递了一个新的信息,美国看似再也不是需要斗争或至少抵制的"霸主"(hegemon)了,而维护以色列则成为一项令支持巴勒斯坦事业相形见绌的优先事项,后者经常被直接忽略。就全球层面而言,以西方模式、甚至西方身份认同作为参照标识成为新的对外政策基石:他异性不仅不再有什么意义,而且应该被重新定位,置于一种优于一切的普世模式之下。下面这种危险的论断就此浮现:"我们被攻击,因为我们是最优秀的。"这一论调在以下事实面前明显哑口无言:关于西方历史,20世纪的两次血腥浩劫使其失去了一切宣称神圣性的资格;西方对暴力和专制的传播负有重大责任,它们严重地影响了南方世界,而且应该受到公正地谴责;还有世界正在经历的奇怪变迁,在苏联极权主义崩溃之后,西方不仅失去了昔日的团结,而且也失去了自我身份认同的主要支点。因此,西方转而向宗教标准,甚至族裔标准来重新定义西方性(occidentalité)的意义,从而危险地把"文明间战争"(guerre des civilisations)变成了一种日常话语。

这些新的"有机知识分子"(intellectuels organiques)＊在媒体上十分活跃,与此同时,政治界也经历了一些变化,推动了法国外交的新保守主义转向。法国共产党几乎完全消寂,加速了社会党转向接近欧洲社会民主党的右倾倾向,后者体现在英国的布莱尔主义,以及德国的杰拉德・施罗德身上。自由主义模式不仅变得充满吸引力、成为现代性的同义词,而且人们还恢复了与第四共和国时代工人国际法国部(SFIO)＊＊孕育的大西洋主义的联系:居伊・莫莱(Guy Mollet)死而复生了……在右派政党中,对戴高乐遗产的代际疏远催生了一批真正的法国"芝加哥男孩"(Chicago boys)＊＊＊,以及

＊ 有机知识分子是葛兰西提出的概念,相对于"传统知识分子"而言。前者是指伴随社会中正在上升的阶级出现的知识分子,比如17、18世纪的资产阶级知识分子;后者指预先存在于上升阶级之前的知识分子,比如中世纪的教士。葛兰西认为应当通过教育机构、社会网络等帮助无产阶级以及被压迫阶级的有机知识分子崛起。参见 Jean-Marc Lamarre, "Tout homme est intellectual", *Le Télémaque*, No.50, 2016, pp.111—116。——译者注

＊＊ SFIO 是 Section française de l'internationale ouvrière 的缩写,法国社会党的前身。居伊・莫莱 1946 年至 1969 年担任工人国际法国部的领袖,1956 年至 1957 年任第四共和国总理,主张基于英法联合的欧洲一体化,在任期间与英国一道发动了以失败而告终的苏伊士运河战争。——译者注

＊＊＊ 芝加哥男孩指的是一群拉丁美洲的自由主义经济学家,很多曾在芝加哥大学受过教育或认同芝加哥大学当时教授的新自由主义经济学,由此得名。他们曾在智利天主教大学创建一个经济学系,在 20 世纪七八十年代推动了智利的经济改革,创造了经济发展奇迹。——译者注

一种新的新自由主义常识，尼古拉·萨科齐比他的一切对手都更好地体现了这一点：他一参加总统竞选，就向华盛顿那位自身也饱受批评的乔治·W.布什寻求支持。讽刺的是，当法式新保守主义开始崛起时，这一意识形态刚好开始在美国衰落时。法国当然不像美国在 2000 年初所做的那样，有实力亲自派送同样的十字军，因此，法式新保守主义首先是体现在话语中，特别是对"西方家庭"(famille occidentale)执迷的指称，这凸显了尼古拉·萨科齐的政治话语风格。

这一新保守主义转向通过三个新的取向体现，其影响很快引发了后果与质疑。第一个取向是与主权主义传统决裂：2009 年，法国重新加入了北约军事一体化机构。法国独立自主防卫政策的一切印记都消失殆尽了，而可怕的"西方家庭"概念呈现出一种至少说是模糊的意义：没有了苏联这个与我们同属一类文化的敌人，西方只有对立于非西方才有存在意义，也就是今天所有组成南方世界的国家，从伊斯兰到东亚以及非洲……我们不仅错误地进入了全球化进程，而且也错误地把新兴的中国、巴西、印度融入进来，于是错误地进入了历史：一言以蔽之，我们正在通过构建自己的原教旨主义而重生。

第二个取向是不断增强的干涉主义，几乎已经普遍存在于每一场危机中：法式新保守主义在这一点上与其美国同行十分相像，甚至像是对美国行为的直接复制。法国的海外军事行动显著增加了。在科特迪瓦，法军 2011 年 4 月强力扶植了阿拉萨内·瓦塔拉(Alassane Ouattara)，他在总统选举中战胜竞争对手洛朗·巴伯(Laurent Gbagbo)一事从未获得认可。在阿富汗，法国军队的存在不断增强。巴黎 2011 年干预了利比亚、2013 年干预了马里，马里的"新月沙丘行动"(Opération Barkhane)不久扩展到了周边国家。2013 年 12 月，"红蝴蝶行动"(Opération Sangaris)在中非共和国开展。2013 年 8 月，法国表达了它的意愿——有些幼稚，因为同华盛顿的选择相反——想要干预叙利亚以推翻巴沙尔·阿萨德政权。我们从"政权更替"的英文版(regime change)转入了法文版(changement de régime)。

最后一个重新定向是要建立一种"惩戒外交"(diplomatic de la punition)，尽管与新保守主义和干涉主义的选择契合，但却与国际政治的要求以及外交所代表的意义背道而驰。法国几乎在到处开战，但都不是与敌人正面对抗的冲突：它把这些说成是针对"罪犯"(criminels)的行动，是在

"正义战争"(guerres justes)框架下的行动,正义战争这个概念已经长期休眠了,如今被重新建立起来。这一惩戒外交也抛弃了第五共和国初期的传统。它伴随着一系列制裁,如同打上表现不良的记号,排斥"麻烦制造者"(mauvais sujets):法国列出了一张黑名单,与上榜者不再有任何往来。法国再也不会和巴沙尔·阿萨德对话,不再理会真主党、哈马斯,也不和津巴布韦的罗贝尔·穆加贝(Robert Mugabe)、苏丹的奥马尔·巴希尔(Omar al-Bachir)交往。在很长一段时间里,法国也不同德黑兰说话,还有白俄罗斯的卢卡申科。世界政坛中的政治人物就这样在出现在"美德行情榜"(argus de vertus)中,每个人的标价虽因局势变化而有不同,但是,也充满了现实主义的考量:我们同时奉承着非洲或中东那些确认无疑的独裁者。外行恐怕很难在这复杂的外交乱局中看出门道,但是能够发现流放制度遵循的是尺度不一的适宜性规则,而不是内在一致的伦理原则。

当排斥逻辑对俄罗斯实施时,惩戒外交达到了极致。这一情况出现在乌克兰危机中,巴黎已经不再和莫斯科交流,甚至把俄罗斯逐出了八国集团。会议被取消,俄罗斯重要人士被禁止来巴黎;尽管有人还是来了,但是是以访问联合国教科文组织的名义,在国际组织地位的保护下……这一做法的不合理性是显而易见的。它导致出现了 2015 年末的情形,法国在拒绝向俄罗斯出售原本就是为其建造的军舰(西北风两栖攻击舰)几周之后,就在东地中海上派出夏尔·戴高乐号航空母舰与俄军合作开展行动……在这一矛盾的阶段,外交的概念本身受到了挑战,我们所知的外交的定义应该是一门管控疏离与歧异,而不是聚合朋友的艺术。[2]

总的来说,法国实行的是一种雄心超出能力所及的对外政策吗? 从经济领域来看,这个问题很有道理:法国的资源支撑不了表现出的军事意图。但是干涉主义的特征在于更深层次的矛盾。在海外多线推进的新保守主义十字军征伐,特别是在中东,只有在获得美国的军事后勤支援时才有可能实现。因此,为了向已经在经济上超越了自己的德国证明自己的中等强国地位,法国不停地增加军事行动,但此时或彼时,会不得不求助美国巨人的帮助。在这个恶性循环背后,"中等强国"概念再一次受到了质疑。这一点影响了高层的外交;2015 年 11 月 13 日悲剧之后,法国总统在各大国首都的访问,与当时同时开启的美俄磋商相比,几乎只是一则轶闻。

这脆弱的法式新保守主义,短短几年间就把四十五年的独立自主对外政策一笔勾销掉了,但似乎在法国政治界形成了高度共识。这一意识形态转向始于一位新戴高乐主义者,其本意并非如此,之后被一位自由主义者强化,继而被一位社会民主主义者延续。*在议会投票以及政党立场表态中,我们都能够看到这种共识,只有几个少见的生态主义政党代表,以及时不时当选的共产党代表,会表示不同的立场。这一准共识性现象更加令人担忧,因为其另外一面体现在移民政策与难民危机管控中,比如2015 年夏天以来形成的移民政策,这原本与全球化的新指征紧密相关。在这一领域,我们也发现了同样的新保守主义思维,逢迎西方身份认同,并明确或含蓄地以此为一种自我封闭与畏惧的政策提供辩护,不计一切代价地力图阻断移民潮。然而事实上,移民是不可避免的未来世界趋势,而且能够为老龄化的欧洲国家带来复兴的希望,当然前提是他们不能被压迫,而是要被妥善对待。

如何解释我们面对这无法理解的全球化所表现出的致命顽固呢?这首先是失败与胆怯的表现,面对他者,面对开放,面对更广阔的领域。是法国在与德国一对一单独比较时凸显出的经济虚弱将其推向了激进的干涉主义,附带着显著的身份认同主义色彩。这一"过度补偿"(surcompensation)效应很容易地融入了一个古老的传统,声称为共和主义的,但其实是殖民主义与帝国主义的传统:当下的我们距离儒勒·费里并不遥远,他曾在占领东京湾(Tonkin)时解释道,法国肩负着"教育低等种族的使命"。对唯恐丢掉的"地位"(statut)的痴迷,这一永恒的纠结,还体现在欧洲列强瓜分非洲的柏林会议(1885 年)的狂热中:法国代表,阿尔丰斯·德·古尔塞(Alphonse de Courcel)男爵向他的部长传去这样一则信息——非常有现时感——解释他的团队为何推行如此积极的外交行动:"展示出坚定的行动,充沛的意志,我们就能重新赢得受各国敬重的地位;再一个示弱的表现,我们就会最终沦落到西班牙的等次。"[3]害怕失去,害怕再也不能像以往那样……这是一个可悲而且根深蒂固的念头,地位应该被重新夺回,在他人的代价之上,而不是与他人一起。

这般无能与缺乏想象力也是当今法国政治界面对国民阵线的民粹话

---

* 新戴高乐主义者是指希拉克,自由主义者是指萨科齐,社会民主主义者是指奥朗德。——译者注

语时那种瘫痪般的表现。我们用以反驳国民阵线的话语通常是用一种委婉的方式重复和整合他们的概念,比如对双重国籍公民的诋毁:身份认同主义非常合乎逻辑地渗透并影响着国际事务领域,窒息了一切建构他异性的考虑。在所有的西方民主国家中,法国是受极右翼思潮威胁最直接的国家之一,这深刻地影响了法国的对外政策及外交取向。

走 出 自 我

如果法国没有如此挥霍浪费其外交资本,那么它本应处于探讨国际体系新生动力的有利位置。但这需要首先承认世界上已经不再只有我们,而且,把来自法国大革命的模式简单地普世化已经过时了。开始建构他异性,生活在我们所不熟悉的人员、思想、信仰的流动中,重视他者的贡献,甚至将其转化为我们的共同遗产,这些才是真正的挑战。

目光短浅与保守主义的典型征兆还表现在难以真正认真对待新兴强国。在戴高乐的视角下,本有可能对新兴强国开展一种主动而为的政策,无论是中国、巴西、印度、南非、土耳其还是伊朗,这么多国家正在"跻身于一等序列"(monter en première division)。可以想象法国与巴西、土耳其或其他国家的外交合作会产生怎样的"冲击波"(coups)。这些国家在地方性冲突中卷入更深,通常也对承受苦难的人民抱有更大的同情,而这些人民正在越发深刻地影响着国际议程;新兴强国于是可以发挥"天然斡旋者"(médiateurs naturels)的作用。但是,我们与巴西的相处不应满足于在法国举办一次巴西年或在巴西举办一次法国年。从长远来看,巴黎与巴西利亚合作形成外交合力的收益远远高于同伦敦甚至同柏林合作,因为巴黎与伦敦和柏林过于亲密,共同沉溺于对欧洲协调的朦胧怀念中,有太多的密切交集与太古老的互不信任。然而,这样的选择甚至从未被研究过。

这种无知与短视的智识影响是不可忽视的。虽然法国的政治与国际关系研究——广泛吸收历史学、社会学、人类学、政治学与经济学知识——有一套独特的话语体系,被其独特的学科发展轨迹塑造,但当前受到过于主流(ultra-dominant)的盎格鲁—撒克逊模式的冲击与新保守主义媒体与政策激进主义的威胁。我们解读世界的能力正在瓦解，这与进步主义知识分子（intelligentsia）的整体衰落紧密相关。左翼知识分子某种程度上被东西方的对抗窒息了，他们在此过程中丧失了部分的公信力，而他们关于支持南方世界的选择经常演变为有些天真的第三世界主义（tiers-mondisme）。在本应对世界开放的时刻，新右翼知识分子回收利用了西方优越性的陈旧观念，产生了影响深远的流毒。令人震惊的是，在法国高中的历史教学大纲里，我们竟认为没有什么必要向年轻一代解释，在法国历史之外，中国四千多年的历史是怎么回事，伊斯兰帝国或前殖民时代的非洲诸王国都是怎样的。同样令人震惊的是我们对教授阿拉伯语的荒谬争议，社群主义（communautarisme）威胁的可怕性压抑了一切需要向世界开放的反应。

在一个全球化作为主要问题的时代，我们却竭尽所能地降低对其他文化的了解，以及与他们建构共情的能力。过去，在国家建构方面，我们在经历了 19 世纪末和 20 世纪的大部分时间之后才懂得，必须创建社会纽带并把工人阶层整合进来。然而，应对全球化、降低暴力阈值（seuil de violence）的唯一方法是在世界范围创造社会纽带，促进对非西方（extra-occidentale）文化的更好了解，终结那个含蓄的、但却持续影响国际关系的文明等级。

11 月 13 日之后

如果法国政府选择以强化我们在上文中描述的外交风格来回应 2015 年 11 月 13 日难以用言语形容的恐怖主义暴力袭击事件，*那么可能会长

---

* 2015 年 11 月 13 日，法国巴黎市区及市郊圣丹尼发生了连环恐怖主义暴力袭击，包括法兰西体育场周边爆炸、多个咖啡馆、餐馆的大规模枪击，以及巴塔克兰剧场的劫持与大规模射杀。共有 20 多个国家的 127 人当场遇难，另有数百人伤亡。恐怖主义组织"伊斯兰国"宣布对此负责，称是为了报复法国在叙利亚和伊拉克的空袭。这是法国第二次世界大战以来遭受的最严重的恐怖主义暴力袭击，被称为法国的 9·11 事件。法国总统奥朗德随后宣布升级在叙利亚的"反恐战争"（war on terror）。——译者注

期陷入恶性循环:一方面,通过运用不适宜的军事手段,法国政府会维持暴力程度不断上升,而且越来越难以应付的局面。另一方面,法国社会则肩负着双重责任。在对事件的日常处置中,可以表现为不对恐惧、刻板印象、憎恨与过度简化让步。但是,如同在所有的失败与衰退时期一样,社会总是孕育着重生的可能。正是在法国社会中——而不是在政府内——也许已经萌生了法国新的对外政策的种子。不要忘记,戴高乐的对外政策也是在彻底失败的第四共和国的废墟中诞生的。戴高乐的对外政策回应了与去殖民化的痛苦,以及与新世界的诞生密切相关的严重危机,在那个新生的世界里,法国一度很难找到自己的位置。

今天的法国社会在全球化进程中找到合适的定位、应对身份政治自我封闭的危险,这是至关重要的;它应该学会从对世界的开放中获益,如同"欠发达"(moin avancées)社会利用向世界开放的机会受益一样。中国在全球化中收获了重大利益,因为它毫不犹豫地融入了全球化进程。大多数新兴国家都是如此。当然,它们当时没有选择,必须顺应全球化以求生存。至于法国,情况其实也没有多少不同。今天困扰着南方国家的人的不安全问题,将成为明天法国的人的不安全问题,同理,今天在其他国家繁荣发展的创造性动能将来也会在旧大陆上发挥革新性作用。

如果我们不能把人重新置于一切问题的中心,不能将其置于利益、竞争力、生产力、不可控制的身份政治,以及这种或那种意识形态或政治模式的推广之上,如果我们不能把人放在生活的中心,我们可能会被勃兴的保守主义、无知、蒙昧主义、传统主义或从众浪潮所吞噬。国际关系与外交的反思应该包含这些人文主义价值,如果我们的思考不想陷入属于另一个时代的政治的灾难性影响中。

注 释

1. A. Milward, *The European Rescue of the Nation-States*, Routledge, Londres, 1992.

2. P. Sharp, *Diplomatic Theory of International Relations*, Cambridge University Press, Cambridge, 2009.

3. Cité in J.-B. Michel,〈Main basse sur l'Afrique〉, *Géohistoire*, 24, décembre 2015, pp.45—47.

结　　论

世界变了,而面对颠覆性的变革,历史学家观察到的最常见的反应就是否定(déni)。拒视现实是一种管控恐惧与不确定性的便捷方法,给自己提供一个短暂但代价高昂的喘息。有些人怀念冷战的美好,另一些人呼唤美国领导力的振兴,而无数人都在绝望地抱守着西方作为世界贵族的观念。

在这可怜的对过去的召唤中没有什么新鲜内容。在极度恐惧之后,欧洲王朝进入了后拿破仑时代,庆贺着复辟的正统主义美德。在筹备战后安排时,第一次世界大战的主要参战方仍深深地烙印着他们战前的特征:克雷蒙梭(Clémenceau)以向德国复仇而乐;英国首相劳合·乔治(Lloyd George)及其外务办公室副国务秘书罗贝尔·塞西尔(Rober Cecil)公爵,按照维也纳会议的记忆来设计未来的国际联盟(SDN),包括维也纳会议的联盟、俱乐部以及均势……难道国际关系就其本质而言就是保守主义的吗? 很可能是的:因为缺少一个世界政府,国际社会生活只能被想象成许多个或多或少相互合作的主权的总和,而且要承认,现状(statu quo)总是主权国家之间所能达成的最好的妥协……而且,国家利益——或至少我们关于国家利益的观念——在"选票市场"(marché électoral)* 上广受欢迎,所以,最好全力以赴地保持之前获得的地位,而不是去保护全球公共产品,尽管后者才是地球生存所需要的,只是从短期来看代价高昂且回报寡薄。

然而,这种创造性的缺乏,实践与方法上的盲目,对全球事务的漠不

---

* 选票市场是指法国民主选举体系已经变成一个市场体系,买方是选民,卖方是政党,交易机制是选举活动,选民与政党通过选举活动寻求利益。参见 Jean-Marie Cotteret, Claude Emeri, *Le Marché Electoral*, Edition Michalon, 2004。——译者注

关心,以及对复刻过往经验的过分偏好,都在不断使问题更加严峻:国际暴力的扩散已经越来越碎片化,而且越来越不受控制,不平等的鸿沟不断加深,重大的生态与社会问题仍未得到处理,国家在不断地崩坍,公共产品日趋枯竭。所有这些问题实际上都归于对"全球化"的反思,这一词汇已经被长久地使用,但更多是作为一种责骂或一个屏障,而不是作为思考的起点。然而,全球化现象的复杂性需要更好的反思:在一个不再由并立的国家组成的世界,而是在一个整体化的星球上妥当行事,至少需要一种适应的努力(effort d'adaptation)。这种努力应该导向我们奉为神圣的概念清单的反思性总结。当形势已经变化到这一程度,昨天的思维工具不一定还保有适切性了:"领土"(territoire),"边境"(frontière),"主权"(souveraineté),"国家安全"(sécurité nationale)失去了它们好几个世纪以前的意义。这也不是说,全球化必然要求我们向傲慢的新自由主义屈服,它灵活地利用了社会主义阵营的失败,谬误地把包容性世界等同于统一市场。经济自由主义不是把普遍性相互依存付诸实践的唯一方法!

今天的痛苦折磨部分地源于一个诅咒,但没有什么能够证明这是必然注定的:世界从未成功地用战争以外的方式变革国际关系,这也许让霍布斯获得了他最伟大的身后功绩之一。* 威尔逊总统的事业仅以"暴政"(bottée)的形式再次出现,而今天已经没有人再提及莱昂·布茹瓦(Léon Bourgeois)及其关于国际连带主义的坚定的现代观念,用互助团结超越战争行为:为此,布茹瓦被视为"乌托邦主义者",也不再被讨论。** 多边主义本应有助于迈出转向和平的一步,但自其诞生之日起就被篡改,从而在其内部留出重建权力的空间,使那些最强大的国家能够留在新的国际合法性的边界之内;建立一支以国际社会全体成员的名义进行干预、而不再是以某个大国的名义干预的联合国军队的计划,也同样归于落空。

要想走出这个既没有前途又充满危险的困局,离开这只是表面上看似注定的战争宿命,必须首先把外交作为推广与革新的重点。这意味着

---

* 霍布斯在《利维坦》中最著名的观点,自然状态就是"所有人反对所有人的战争"。——译者注

** 莱昂·布茹瓦曾于一战前任法国总理、外交部长,一战后任国际联盟大会主席,曾获诺贝尔和平奖。内政和外交上主张都强调社会平等、连带主义,倡导通过建设强有力的国联、强制仲裁、经济制裁等维护和平。——译者注

要让外交"重回正轨"(sur les rails),与所有人对话,不再把外交视为一种惩戒的工具,自我推销的工具或划分边界的工具,而是将其作为管控危机的手段。外交是一种应急技巧,它的存在不是为了别的什么目的,而是为了在紧张局势之中有所作为以缓解压力。它的存在也是为了保持谈判,虽然谈判正在随着时间的推移而萎缩,以至于人们竟会为看到谈判重启而惊讶,比如为 2015 年 7 月 14 日关于伊朗核问题的协议而重开的谈判。* 外交作为一门技艺,应该区别于"国际政治"(politique internationale),事实上今天已经成为"全球政治"(politique mondiale)。国际政治只是为了强化一个已不复存在的世界的观念,除了当我们勉强从"思想博物馆"中把这种世界观提取出来时;随着全球化变得越来越切近,国际政治就越来越不现实,应该越少被推理、被思考、被争论。外交作为一项公民事务,今后只要触及城邦生活深处的问题,就应该对争议持开放态度,应该重新成为被监管和辩论的竞选活动的焦点。外交应该总是保持更新,而不再用于不停复制过去的策略,那些已被社会变革的力量淘汰的策略。

对于全球化来说,外交应该阐述、变革与聚焦。阐述人类命运的平等性,所有人都有平等参与全球治理的权利:国际寡头治理的铁律应该被抛弃了,因为它只适用于过去国家间关系的层次,现在应该重新把所有相关的行为体置于国际辩论的中心。应该大声宣布这一点,因为与寡头协定(pacte oligarchique)公开决裂,这本身就是迈向和平与共享信任的重要进步。变革全球性的社会秩序,这一秩序正受困于日益显著、难以容忍、因而也越来越危险的社会经济差距:世界范围的再分配应该成为支撑新的全球政策的首要任务和最紧迫任务,因为这是关系到集体安全的头等大事。法国的官方发展援助不断降低,而为在南方世界开展军事行动而动员的资金却不断增长,这是不可接受的。还要改革正在令危机中的国家深受其苦的政策过失,危机正在侵蚀这些国家,使之退化到战争社会的状态:对南方世界的政策重塑迄今一直被地方独裁者和大国庇护者一起小心翼翼地排斥着,他们团结一致地把赌注压在相反的政策立场上。聚焦公共产品,经济的、社会的、环境的公共产品,它们都是地球赖以生存的,

---

*　2015 年 7 月 14 日,联合国 5 个常任理事国和欧盟与伊朗在维也纳签署的《联合全面行动计划》(a Joint Comprehensive Plan of Action),简称伊核问题全面协定。——译者注

但目前被民族私利性置于失败之地,这种民族自利主义重新以可爱的"维护主权利益"(défense des intérêts souverains)的面目出现。在这场游戏中,只有以最大的勇气发起对主权主义的攻击,才能获胜!

世界所需要的他异性政治既不是乌托邦,也不是慈善行为。这不是乌托邦,因为它最终导向一系列具体行动,能够在一个以过去为面向(passéiste)的国际秩序内部开展变革。首先,他异性政治要求重新定义、重新塑造主权,因为在全球化时代,主权再也不能等同于封闭与退避,而应该体现在允许每个国家有权平等地为全球化的概念提供自己的贡献。这要求终止一切形式的单边主义干预,因为这种行为危险地把管制行为与强权行为混为一谈。他异性政治还要求赋予本地行为体以及毗邻行为体的正当地位,包括政治和社会意义上的毗邻关系,他们应该能够充分行使参与管理那些影响自身福祉的危机的权利。还需要对冲突进行社会性处理,因为面对产生于社会与制度解体,而非实力竞争的新型战争,传统的军事工具几乎不起任何作用。

利他性政策也不是大发慈悲,因为它归根到底还是建立在实用性的假设之上:它值得被政治行为体考虑,因为它能够提供一种节约型经济(economie de moyens),能够限制成本,冷战结束以来,已经有数以千亿美元花费在大国徒劳无功的干涉上面。它还能够确保应对隐于未来的风险,更有效地遏制明天的暴力,在一个可控的地球上生存。只有这种做法才能给世界带来稳定。今天的安全正好是霍布斯著作中国家安全的反面:安全不能在竞争中谋求,而是在全球性中构建。每个人的安全依赖于其他所有人的安全:从城堡与壁垒的角度来考虑安全问题已经是一种妄想了。维护他者的安全就是稳固自己的安全。但是他者的安全只有通过向其展示尊重与自谦(effacement de soi)才可能实现。和平的世界只有在对他者的充分认可中才能成为全球性的和平。莫里斯·梅洛-庞蒂(Maurice Merleau-Ponty)深谙此理,当他提醒我们:"我们与真理的关系必须要经由他者。要么我们和他们一道走向真理,要么我们所趋近的并非真理。"[1]

注 释

1. Maurice Merlot-Ponty, *In Praise of Philosophy*, Northwestern University Press, 1968.

图书在版编目(CIP)数据

世界不再只有"我们":关于国际秩序的另类思考/
(法)伯特兰·巴迪(Bertrand Badie)著;宗华伟译
.一上海:上海人民出版社,2022
(东方编译所译丛)
ISBN 978-7-208-17610-2

Ⅰ.①世… Ⅱ.①伯… ②宗… Ⅲ.①国际关系-研
究 Ⅳ.①D81

中国版本图书馆 CIP 数据核字(2022)第 021483 号

责任编辑 王 琪
封面设计 王小阳

东方编译所译丛

世界不再只有"我们"
——关于国际秩序的另类思考

[法]伯特兰·巴迪 著

宗华伟 译

出 版 上海人民出版社
　　　　(201101 上海市闵行区号景路 159 弄 C 座)
发 行 上海人民出版社发行中心
印 刷 上海商务联西印刷有限公司
开 本 635×965 1/16
印 张 9.5
插 页 4
字 数 138,000
版 次 2022 年 3 月第 1 版
印 次 2022 年 3 月第 1 次印刷
ISBN 978-7-208-17610-2/D·3913
定 价 48.00 元

东方编译所译丛·世界政治与国际关系